LIEBENSWERTE BRETAGNE

Text **Michel Renouard**

Fotos **Emmanuel Berthier**

Übersetzung **5/5**

Éditions **OUEST-FRANCE**

Réserve naturelle des Sept Iles
CÔTE DE GRANIT ROSE
Rochers de Ploumanac'h
Sillon de Talbert
Trégastel
St-Gonery
Ile Grande
Perros-Guirec
Pleumeur-Bodou
Tréguier
Télécommunications
Lannion
La Roche-Jagu
Runan
Kerfons
Brélidy
Tonquédec
Menez Bré
St-Hervé
Guingamp
Rosanbo
Plestin-les-G.
Locquirec
St-Jean du Doigt
Cairn de Barnenez
Carantec
Roscoff
St-Pol-de-Léon
Ile de Batz
Brignogan-Plage
Tronjoly
Plouescat
I. Vierge
Plouguerneau
Lesneven
Le Folgoët
Kerjean
Lannilis
Trémazan
Ploudalmézeau
LES ABERS
LÉON
Ile d'Ouessant
Kergroadès
Brest-Guipavas
Landerneau
N 12-E 50
Landivisiau
St-Thégonnec
Lampaul-Guimiliau
Guimiliau
Les enclos paroissiaux
Morlaix
Guerlesquin
Loc Envel
Saint-Renan
I. de Molène
BREST
Le Conquet
Daoulas
Sizun
Commana
Monts d'Arrée
Abbaye du Relecq
384 m
Roc'h Trévézel
Bulat-Pestivien
Bourbriac
CÔTES
Pointe de St-Mathieu
Pte des Espagnols
Plougastel-Daoulas
Elorn
N 165
St-Michel de-Brasparts
Huelgoat
Aulne
Gorges de Toul-Goulic
Lanrivain
Lagatjar
Camaret
Landévennec
Forêt du Cranou
Brasparts
MER D'IROISE
Pointe de Pen-Hir
Crozon
330 m
Menez Hom
FINISTÈRE
Carhaix-Plouguer
Maël-Carhaix
Rostrenen
Gorges du Daoulas
Presqu'île de Crozon
Morgat
Pleyben
N 164
Canal de Nantes à Brest
Cap de la Chèvre
Baie de Douarnenez
Châteaulin
N.-D. du Crann
Abbaye de Bon Repos
Phare d'Armen
Réserve du Cap Sizun
Musée du bateau
Ste-Anne-la-Palud
Trévarez
Ile de Sein
Raz de Sein
Douarnenez
Locronan
Montagnes Noires
Gourin
Abbaye du Langonnet
Cap Sizun
Audierne
Quilinen
Coray
Pointe du Raz
CORNOUAILLE
QUIMPER
Odet
Plozévet
Quimper-Pluguffan
Ergué-Gabéric
Scaër
Le Faouët
Ste-Barbe
N.-D. de Crénénan
Guémené-sur-Scorff
Faïenceries
Kernascléden
Quelven
St-Nicodème
Baie d'Audierne
Pays bigouden
Rosporden
Forêt de Pontcallec
Bubry
Melrand
La Forêt-Fouesnant
Pont-l'Abbé
Fouesnant
Concarneau
Quimperlé
Site de Castennec
Pointe de la Torche
St-Guénolé
N.D. de la Joie
Pointe de Penmarc'h
Penmarc'h
Maison du pays bigouden
Bénodet
Musée de la pêche
N 165-E 60
Pont-Aven
Pont-Scorff
Inzinzac-Lochrist
Blavet
Baud
Vénus de Quinipily
Guilvinec
Moëlan-sur-Mer
Hennebont
Iles de Glénan
Lorient-Lann-Bihoué
LORIENT
Merlevenez
Kerambarh
Ste-Anne d'Auray
Port-Louis
Larmor-Plage
Pointe de Gravres
St-Cado
Auray
Ile de Groix
Alignements de Carnac
Carnac
Presqu'île de Quiberon
Côte Sauvage
Baie de Quiberon
Quiberon
Pointe des Poulains
I. de Houat
Grotte de l'Apothicairerie
Le Palais
Aiguilles de Port-Coton
Belle-Ile
ZIVILE ARCHITEKTUR
Sehenswerter städtebaulicher Komplex
Sehenswerter kleiner Ort
Schloss, Burg
SAKRALBAUTEN
Kirche oder Kapelle
Kloster, Abtei
Umfriedeter Pfarrbezirk
Wallfahrtsort ("Pardon")
Kalvarienberg
MÉGALITHDENKMÄLER
Menhir
Dolmen, allée couverte (Ganggrab), cairn
Panoramablick, Aussichtspunkte
Vogelschutzgebiet
Thematisches Museum
Nationalpark ("Armorique" im Dep. Finistère, "Brière" im Dep. Loire-Atlantique)
Autobahn
Schnellstraße
Überlandstraße
Nebenstraße
Flugplatz
Fährverbindung
25 km
Cartographie A. LE FUR - AFDEC

vers Jersey
vers les Îles Anglo-Normandes et l'Angleterre
Iles Chausey
Granville
Coutances
Saint-Lô
Condé-sur-Vire
Villers-Bocage
COTENTIN
CALVADOS
365 m
Vire
Villedieu-les-Poêles
Condé-sur-Noireau
MANCHE
Tinchebray
Flers
Brécey
Avranches
Pontaubault
COLLINES DE NORMANDIE
343 m
Mortain
Barenton
Domfront
Saint-Hilaire-du-Harcouët
Sélune
Le Teilleul
Louvigné-du-Désert
Gorron
Ambrières-lès-Vallées
Mayenne
Ernée
Chailland
La Croixille
Montsûrs
Laval
A 81-E 50
MAYENNE
Meslay-du-Maine
Craon
Château-Gontier
Renazé
Pouanzé
Segré
Le Lion-d'Angers
Sarthe
Candé
ANGERS
Champtocé
Ingrandes
Les Ponts-de-Cé
Varades
Chalonnes
Ancenis
Oudon
Champtoceaux
MAINE-ET-LOIRE
Saint-Lambert-du-Lattay
Chemillé
Beaupréau
MAUGES
Saint-Macaire-en-Mauges
Vihiers
Cholet
Mortagne-sur-Sèvre
Sèvre Nantaise
VENDÉE
Île de Bréhat
Pointe de l'Arcouest
Paimpol
Côte du Goëlo
Abbaye de Beauport
St-Quay-Portrieux
Binic
Baie de St-Brieuc
Pte du Roselier
St-Brieuc-Armor
ST-BRIEUC
Erquy
Pléneuf-Val-André
Fort-La-Latte
Cap Fréhel
CÔTE D'ÉMERAUDE
Bien-Assis
PENTHIÈVRE
Hunaudaye
Lamballe
Quintin
Moncontour
N.-D. du Haut
Bel Air
La Touche-Tréby
Abbaye de Boquen
Landes du Mené
Forêt de Loudéac
Querrien
Loudéac
Merdrignac
Forêt de Lorge
St-Lunaire
St-Malo
Paramé
Usine marémotrice
Dinard
St-Cast-le Guildo
le Guildo
Corseul
Dinan
Dinan-Trélivan
Arguenon
Cancale
Pointe du Grouin
Baie du Mont St-Michel
Mont St-Michel
Prés salés
Pontorson
Dol-de-Bretagne
Mont Dol
Abbaye du Tronchet
La Ballue
Antrain
Combourg
La Bourbansais
Canal d'Ille et Rance
Hédé
Tremblay
Rocher-Portail
Forêt de Fougères
Fougères
Caulnes
Le Hac
Caradeuc
Couëllan
Les Iffs
Montmuran
Andouillé-Neuville
Tombe de St-Lénard
Forêt de Montauban
Montauban
St-Méen-le-Grand
Forêt de Rennes
St-Aubin-du-Cormier
Couesnon
VENDELAIS
Ille
Monfort
Meu
RENNES
Rennes-St-Jacques
Bintinais
Champeaux
Vitré
Vilaine
Rochers Sévigné
Comper
Forêt de Paimpont
Paimpont
Plélan-le-Grand
Blossac
Bruz
Châteaugiron
Bais
Argentré-du Plessis
Monbuan
ILLE-ET-VILAINE
La Trinité-Porhoët
Abbaye de Timadeuc
Forêt de Lanouée
Pontivy
MORBIHAN
Josselin
Ploërmel
Coëtquidan
Guer
Janzé
La Roche aux Fées
Rétiers
La Guerche-de-Bretagne
Maure-de-Bretagne
Guéhenno
Kerguéhennec
Locminé
Malleville
Le Moustoir
Malestroit
Canal de Nantes à Brest
LANDES DE LANVAUX
Bain-de-Bretagne
Forêt d'Araize
St-Just
Lande de Cojoux
Grand-Fougeray
St-Avé
Forteresse de Largoët
VANNES
Rochefort-en-Terre
Redon
Châteaubriant
Forêt de Juigné
Questembert
Le Plessis-Josso
Le Guerno
Golfe du Morbihan
Guémené-Penfao
Moisdon-la-Rivière
La Motte-Glain
Nozay
Abbaye de Melleray
Suscinio
Presqu'île de Rhuys
La Roche-Bernard
St-Gildas-des-Bois
Forêt du Gâvre
Carheil
Blain
Erdre
La Bretesche
Ranrouët
St-Joachim
Pontchâteau
Nort-sur-Erdre
Ile de Fédrun
LOIRE-ATLANTIQUE
Vallée de l'Erdre
Hoëdic
Pointe du Castelli
La Turballe
Le Croisic
Pointe du Croisic
Guérande
Marais salants
Careil
Batz-sur Mer
St-Nazaire Montoir
Savenay
La Chapelle-sur-Erdre
Carquefou
La Baule
CÔTE D'AMOUR
ST-NAZAIRE
St-Brévin-les-Pins
Paimbœuf
Musée de La Marine
NANTES
LA LOIRE
Goulaine
Vallet
Le Pellerin
PAYS DE RETZ
Vertou
Le Pallet
Nantes-Atlantique
Pointe de Saint-Gildas
Pornic
Réserve naturelle
Lac de Grand-Lieu
Clisson
Baie de Bourgneuf
Bourgneuf-en-Retz
Machecoul
St-Philbert-de-Grand-Lieu
Boulogne
Noirmoutier-en-l'Île
Ile de Noirmoutier
Beauvoir-sur-Mer
N 12-E 50
N 137
N 24
N 164
N 157-E 50
N 175
N 176
N 171
N 165-E 60
N 166
N 165
N 23
N 162
N 160
N 249
N 149-E 62
N 137-E 3
A 11-E 60- l'Océane
A 83
D 972
D 973
D 798
D 163
D 766
D 751
D 960

Einleitung

Für André Rannou

Spricht man von einem Land, meint man die Erde, das Relief, die Landschaft. Was die Bretagne kennzeichnet, ist ihre Form – eine breite Halbinsel, an die 270 Kilometer lang und etwa 34.000 km² groß. Der Ärmelkanal bzw. der Atlantik umgeben sie im Norden, Westen und Süden.

Links
Der Kalvarienberg (Ende 16. Jh.) der umfriedeten Pfarrkirche von Guimiliau stellt in beliebiger chronologischer Reihenfolge Szenen aus dem Leben Christi dar.

Unten
Die Landzunge Pointe du Raz.

Das Meer ist stets nah, wo man sich auch befindet: nur 100 bis 150 Kilometer trennen die Nordküste von der Südküste der armorikanischen Halbinsel. Daher rührt das ozeanische Klima, zugleich mild und feucht. Die Temperaturen sind hier nie sehr niedrig, jedoch herrschen starker Wind und hartnäckiger Regen vor. Die Bretagne zählt 4.300.000 Einwohner. Der Mischung lateinischer und keltischer Kultur entsprungen, tragen sie eigentümliche Wesenszüge (Hartnäckigkeit oder gar Starrsinn der Bretonen sind Legende!), wenn diese auch durch den täglichen Einfluss des französischen

Oben
Das am Ende des 16. Jh. zerstörte und während der Revolution abgebrannte Schloss von Comper im Wald von Brocéliande wurde 1870 wieder aufgebaut. Der Legende nach wurde es von der Jagdgöttin Diana errichtet.

oder amerikanisch gefärbten Fernsehens immer weniger spürbar sind. Manchen Bretonen ist die Sprache ihrer Vorfahren noch geläufig, während in den ländlichen Gegenden der Oberen Bretagne ein britisch-romanischer Dialekt, das Gallo zu finden ist.

Der keltische Ursprung, durchaus keine Erfindung, liegt mitunter sehr weit zurück.

Die ersten Bretonen

Es gibt keinen geschichtlichen Beleg für den genauen Zeitpunkt der Besiedelung durch die Bretonen. Schon immer, selbst während der römischen Kolonisation, hatten Beziehungen zwischen der armorikanischen Halbinsel und dem heutigen Großbrittannien bestanden. Die Latiner hatten in der Tat die erste Besiedelung durch Bretonen begünstigt. Allem Anschein nach hat sich die Zuwanderung dann im 4. und 5. Jahrhundert verstärkt. Unter der Führung von Herrscherfamilien aus Wales, Cornwall und Devon, dürften bretonische Siedler ihr Land verlassen haben, um Unsicherheit und Plünderungen zu entkommen. Es handelte sich allerdings um keinen Sturm von Eroberern, und es darf auch nicht vergessen werden, dass damals wahrscheinlich nur knapp 300.000 Einheimische auf der gallischen Halbinsel wohnten.

Die Bretonen kamen also übers Meer, sie ließen sich vor allem im Nordwesten nieder. Sie drangen kaum in den Osten und einen Teil des Landesinneren vor, zumindest lässt die Verbreitung der gallisch-

römisch Ortsnamen auf –ac diesen Schluss zu. Und das Bretonisch rund um Vannes sei, François Falc'hun zufolge, ein Überbleibsel des armorikanischen Keltischen. Was belegen dürfte, dass die Bretonen die vorher ansässige Bevölkerung nicht verdrängten und dass die Sprache der Römer das Keltische nicht gänzlich ersetzt hatte.

Bretonen aller Länder...

Gemäß dem geschichtlichen Grenzverlauf umfasst die Bretagne die gleichnamige Region (bestehend aus den Départements Finistère, Morbihan, Côtes d'Armor und Ille-et-Vilaine) sowie das Département Loire-Atlantique, das verwaltungstechnisch der Region „Pays de Loire" angehört. Sie zählt 1500 Gemeinden.

Zu den Bewohnern der Halbinsel müssen jene Millionen abgewanderte Bretonen hinzugezählt werden, die in den verschiedensten Gegenden Frankreichs wohnen (vor allem im Loire-Tal, der Normandie, im Großraum Paris und der Dordogne), oder auch in Übersee-Gebieten oder im Ausland (Nordamerika, Argentinien, Antillen und Guyana, Australien, Pazifik, Ile de Réunion). Von diesem drastischen Bevölkerungsschwund, der vor allem ab 1850 einsetzte, waren die Départements Côtes d'Armor und Morbihan besonders betroffen. Und reist man durch die Welt, trifft man allerorten schnell auf eine Vielzahl von Diplomaten, Kirchenmännern oder Lehrern mit bretonischen Wurzeln. Aber wohin es ihn auch verschlagen mag – sein Land und seine Vorfahren vergisst ein Bretone nie.

Oben
An der Schlucht von Toul-Goulic bei Lanrivain „verliert" sich der Fluss Blavet unter den Felsen, um einige 100 m weiter wieder aufzutauchen.

Oben
Herrliches Fachwerk schmückt die mittelalterliche Stadt Vitré wie hier in der *rue d'Embas*.

Oben
Der Hafen von Sauzon auf der Insel Belle-Île-en-Mer.

Die Sprachen der Bretagne

In den ersten Jahrhunderten unserer Zeitrechnung sprachen die Bewohner der armorikanischen Halbinsel einen gallischen Dialekt. Die Führungsschichten, vor allem seitens der Klöster, verfügten über gute Lateinkenntnisse. Ein paar Jahrhunderte lang war Armorika Teil des römischen Imperiums, was die allmähliche Verbreitung der französischen Sprache förderte, v.a. im O-Teil der Halbinsel („Obere Bretagne"). Von den britischen Inseln kamen dann die ersten „Bretonen" herüber, wahrscheinlich im 4. und 5. Jh. Sie brachten ihre Kultur, ihre Gebräuche und ihre Sprache mit – letztere dehnte sich auf den gesamten W-Teil („Untere Bretagne") aus. Es ist der Ursprung des heute gesprochenen Bretonisch. In den ländlichen Gegenden der Oberen Bretagne findet sich auch ein Dialekt aus der romanischen Sprachfamilie, das Gallo. In manchen Schulen wird es unterrichtet... und sogar ein „Tim und Struppi"-Band wurde 1993 übersetzt.

Abgesehen von den Touristen, trifft man auch auf Englischsprechende in der Bretagne. Durch die geographische Nähe versteht es sich von selbst, dass Engländer und Bretonen schon seit jeher Beziehungen unterhielten. Im „Pays de la Rance" (um Dinan, Saint-Malo, Dinard) existierte im 19. Jh. sogar eine englische Kolonie. Um 1870 wohnten über 500 Engländer in Dinan. Seit ein paar Jahren nimmt die Zahl der Briten in der Bretagne zu.

Bretonische Sprache, schwere Sprache?

Bretonisch gilt als schwierige Sprache. In Wahrheit gibt es in jeder Sprache „Fallen" und spezifische Elemente, die schwierig erscheinen, sogar im Italienischen oder Spanischen, die gemeinhin als „einfach" angesehen sind. Es stimmt allerdings, dass es im Bretonischen eine Hauptschwierigkeit gibt: den Konsonantenwechsel. Dieser ist ein phonetisches und grammatikalisches Merkmal, eine Besonderheit der keltischen Sprachen (und auch des Sardischen). Das bedeutet konkret, dass unter bestimmten Voraussetzungen der Konsonant im Anlaut mutieren kann. Es heißt penn (Kopf), aber e benn (sein Kopf) und ma fenn (mein Kopf). Es heißt ti (Haus), aber e di (sein Haus) und ma zi (mein Haus). Gäbe es Derartiges im Deutschen, würde aus Brauch Prauch oder Vrauch, ein Wort wie Thaler würde sich verwandeln in Dhaler oder Zaler... Diese Lautwechsel finden sich manchmal in Ortsnamen, und dann führt jeder die Mutation aus, ohne es zu wissen: z.B. Plougastel, wobei gastel eigentlich von der Grundform kastel kommt. ■

Die bretonische Sprache

Rund 400.000 Personen verstehen es mehr oder weniger gut, gesprochen aber wird das Bretonische nur mehr von ca. 170.000 Personen und gelesen von an die 15.000 Fachleuten, Studenten oder Verfechtern der bretonischen Kultur. Seit 1918 sinkt die Zahl der Bretonischkenner wie die Forschungsarbeiten von Fañch Broudic zeigen dramatisch.

Bretonisch gehört zur Gruppe der keltischen Sprachen, wie Walisisch, Kornisch, Irisch-Gälisch, Schottisch, Manx (auf der Ile of Man) und früher Gallisch. Vor allem mit den ersten beiden ist es eng verwandt, zusammen bilden sie den britannischen Zweig. Woraus aber nicht zu schließen wäre, dass Waliser und Bretonen einander verstehen.

Selbst wenn ihre Sprachen einen gemeinsamen Ursprung haben, auch wenn die Wurzeln der gebräuchlichsten Wörter oft identisch sind, und obwohl es vergleichbare grammatikalische Strukturen gibt, so ist der Unterschied zwischen beiden heute größer als zwischen Englisch und Niederländisch. Das Bretonische besitzt ein großes lexikalisches Repertoire keltischen Ursprungs – dabei vielleicht teils gälischen Ursprungs. Aber ab dem Ende des Mittelalters wurde auch das romanische Vokabular reichlichst belehnt (Französisch bzw. Gallo-Dialekte). Doch trotz dieses starken Einflusses konnte das Bretonische seine ursprüngliche Grammatik bewahren. Besonders sein Verbsystem ist reich und komplex geblieben. Nicht minder die Präpositionen.

Unten

Die Insel Groix.

Schlaglichter auf die Bretagne

Stechginster: Großstrauch mit dornenbesetzten Zweigen und gelben Blüten (Familie der Schmetterlingsblütler). Der Stechginster wächst auf kieselhaltigem Boden, im Heideland der Bretagne ist er sehr verbreitet. Bis zum Ende des 18. Jahrhundert wurde er angebaut und als Viehfutter, Einstreu sowie Brennmaterial verwendet. Die am häufigsten vorkommende Art ist der europäische Stechginster, zu finden in der trockenen Heide. Der Zwergstechginster bevorzugt Feuchtgebiete, der „Le Gall"-Ginster die eher trockene Heide mit starkem Wind.

Ankou: Personifizierung des Todes. Der Ankou erscheint in zahlreichen Legenden (vgl. La Légende de la mort chez les Bretons armoricains von Anatole Le Braz) in Form eines Skelettes, bekleidet mit einem Umhang, und in der Hand eine Sense. Auch einen Ankou der Meere gibt es, es ist der erste Ertrunkene des Jahres. Erscheint er den Lebenden, steht ein Todesfall bevor. Der Überlieferung zufolge liegt sein Reich in den Monts d'Arrée.

Kelten: Volksstämme mit indo-germanischen Sprachen. Sie ließen sich zunächst in Mitteleuropa nieder, zogen dann um 2000 v.Chr. westwärts. Ihr ursprünglicher Siedlungsraum ist nicht bekannt. Die Kelten besiedelten das heutige Frankreich (und werden zu Galliern). Es handelte sich um die erste keltische Eroberung der Bretagne. Eine zweite Welle setzte ein, als die „Bretonen" von den britischen Inseln herüberkamen, ca. im 5. Jh. v.Chr.

Dolmen: Megalithbau. Aus bretonisch taol (Tisch) und maen (Stein);

in modernem Bretonisch heißt das Wort taol-vaen (Plural: taolioù-maen). Es handelt sich also um einen imposanten Steinbau in Form eines Tisches. Eigentlich wurden mit Dolmen unterschiedliche Dinge bezeichnet: Die ältesten Anordnungen (6500 v.Chr.) sind nämlich kreisrunde Kammern... Andere, zwischen 5000 und 4000 v.Chr. entstanden, sind die eigentlichen Dolmen; in Carnac und Umgebung sind diese sehr zahlreich.

Umfriedete Pfarrbezirke: (frz. „enclos") Sakralbau. Die Pfarrbezirke entstanden erstmals Ende des 16. Jh. und wurden im 17. und 18. Jh. weiterentwickelt oder bereichert... Ein Enclos ist ein Pfarrbezirk, der üblicherweise von einer Mauer umfriedet ist. Den Zugang bildet das beeindrukkende, sog. Triumphtor. Im Beinhaus (oder Begräbniskapelle) konnten die Gebeine aufbewahrt werden. Ein großer „Calvaire" (Kalvarienberg) mit Steinplastiken erinnert den Gläubigen an Tod und Auferstehung Christi. Und schließlich stellt die Kirche, reich verziert mit Altaraufsätzen, den Mittelpunkt des Enclos dar.

Fest noz: Traditionelles Fest. Das bretonische Wort bedeutet „Nachtfest". Ursprünglich ein Fest, wo sich die Landbevölkerung zusammenfand um das Ende der Feldarbeit zu feiern. Traditionelle Tänze und Gesänge gehörten dazu, ebenso wie Musik. Dazu wurde Cidre getrunken.
Die festoù-noz sind auch heute noch sehr beliebt, wenngleich es sich um organisierte Veranstaltungen handelt.

© Michel Brunet

Gwenn ha du: Weiß (gwenn) und Schwarz (du) sind die Farben der bretonischen Flagge, entstanden nach dem Einfall des Architekten Morvan Marchal. Die schwarzen Streifen stehen für die Bistümer der Oberen Bretagne (Dol, Saint-Malo, Saint-Brieuc, Rennes, Nantes), die weißen für jene der Unteren Bretagne (Léon, Cornouaille, Tréguier, Vannetais). Die Hermeline waren einstmals von den Herzögen von Montfort gewählte Insignien. Gwenn ha du war auch der Name einer 1930 gegründeten Geheimorganisation von bretonischen Aktivisten.

Menhir: Megalithbau. Aus bretonisch maen (Stein) und hir (lang); in modernem Bretonisch heißt das Wort maenhir, aber die Bezeichnung peulvan oder peulven (Steinpfeiler, Steinsäule) ist ebenfalls gebräuchlich (und ist eigentlich älter). Es gibt vereinzelt stehende Menhire, kreisförmig (cromlech) oder in Reihen angeordnete (alignements) Menhire. Die weltweit bekanntesten Menhire stehen in Carnac.

Océanopolis: Wissenschaftliches, technisches und industrielles Meereskulturzentrum. 1990 eröffnet, liegt es im Jachthafen Moulin-Blanc von Brest. Die Aquarien von Océanopolis zählen zu den größten in ganz Europa und zeigen örtliche Fauna und Flora, d.h. Fische, Weichtiere, Robben und Algen.

Pardons: traditionelle bretonische Wallfahrt. Ursprünglich ein religiöses Zusammentreffen zum Nachlass seiner Sünden. Diese Pardons waren der Muttergottes, allen Kirchenheiligen und allmählich auch den bretonischen und keltischen Heiligen gewidmet. Oftmals waren Gelübde der Anlass für Pardon-Prozessionen. Früher kamen die Pardon-Pilger zu Fuß, um an einem mehrtägigen Pardon teilzunehmen.

Die Megalithen

Die Bretagne wird fast immer mit den Megalithbauten in Verbindung gebracht (Dolmen, Menhir). Und zu Recht – denn das Land ist übersät davon.

Links
Menhir von Kermaillard auf der Halbinsel Rhuys.

Unten
Die beeindruckenden Steinreihen von Carnac machen die Gegend zu einer der weltweit bedeutendsten Megalithstätten der Vorgeschichte.

In Carnac zählt man auf einer Länge von 4 Kilometern an die 3000 Menhire. Obwohl ihre (übrigens spät geprägten) Bezeichnungen der bretonischen Sprache entstammen, haben diese Steine überhaupt nichts mit den Kelten zu tun, wiewohl letztere ihre Legenden und Traumbilder an sie knüpften. In Wirklichkeit liegt ihr Ursprung 1000 bis 3000 Jahre vor der keltischen Einwanderung. Es sind Spuren aus ferner Vergangenheit – der Urgeschichte –, als diese Halbinsel allmählich besiedelt wurde.

An der Urgeschichte Interessierte können sich mit dieser Thematik in dem wunderschönen bretonischen Museumssaal des Kultur- und Wis-

Oben
Dolmen von Mané-Kerioned in Carnac.

senschaftszentrums Champs-Libres von Rennes vertraut machen – die Sammlungen sind dort nach den modernsten Erkenntnissen der Museumskunde ausgestellt. Dann kann man sich auf Spurensuche begeben oder andere Museen aufsuchen (z.B. in Carnac oder Vannes). Eines der umfassendsten ist das Frühgeschichte-Museum des Finistère in Saint-Guénolé-Penmarc'h, es untersteht der Universität Rennes 1.

Ein paar seltene und kleine Werkzeugfunde aus der sehr frühen Acheuléen-Kultur (in Cesson und v.a. Damgan) belegen, dass Armorika bereits ca. 6000 v.Chr. besiedelt war.

Aus der langen Epoche der Alt- und Mittelsteinzeit (500.000-4500 v.Chr.) gibt es nur wenige Spuren menschlicher Besiedelung in der Bretagne.

In dieser Region gibt es keine Felsmalereien wie im Périgord – es finden sich keine Grotten –, und auch keine behauenen Feuersteine. Die Besiedelungsdichte war wahrscheinlich sehr gering, worauf zumindest die geringe Zahl von Funden schließen lässt. Am Mont Dol wurden hingegen reiche Spuren einer Moustérien-Industrie gefunden (vor allem Schaber). Die Belege für eine Besiedelung der Küstenabschnitte reichen ganz weit zurück und spiegeln den Stellenwert des Meeres für dieses Land wider.

In der Jungsteinzeit (Neolithikum, 4500-1800 v.Chr.) entstand auf der ganzen Halbinsel eine bedeutende Zivilisation. Aus dieser Zeit stammen jene bemerkenswerten Denkmäler, die Megalithen. Es handelt sich nicht um ein vereinzeltes Phänomen sondern um eine allgemeine Tendenz, denn die Megalithkultur reicht von der iberischen Halbinsel bis hinauf nach Skandinavien.

Dieser Zeitabschnitt fällt – nach der Eiszeit – in eine Phase der Klimaerwärmung. Dadurch können sich in Europa und im Mittleren Osten Agrarzivilisationen entwickeln, die sich der Viehzucht und dem Ackerbau widmen. Soziale Wandelerscheinungen setzen ein, und wie es scheint, entsteht dabei ein Totenkult, ersichtlich an den großen Gemeinschaftsgräbern, den so genannten Dolmen (eigentlich die franz. Schreibweise von taol-vaen, zu Deutsch "Steintisch"). Das beeindruckende Hügelgrab von Barnenez nahe Morlaix geht auf die Zeit um 4500 vor JC zurück.

Im 3. Jahrtausend wurden die Menhire (aufgestellt (wortwörtlich 'lange Steine'). Sie stehen vereinzelt und kennzeichnen vielleicht einen heiligen Ort; aber obwohl es Hypothesen sonder Zahl gibt, konnte ihr Geheimnis bis heute nicht gelüftet werden. In Gruppen angeordnet, ergeben sie riesige Megalithstätten, teils kreisförmig (Larmor-Baden), teils in reihenförmigen „Alignements" (Le Ménec bei Carnac), die von Ost nach West zu einem geschlossenen Tempel mit halbkreisförmigem Grundriss führen).

Wie wurden diese Menhire und Dolmen aufgestellt? Die Steine wiegen bis zu 100 Tonnen, und man kann sich ausmalen, wie schwierig es gewesen sein muss, Deckplatten mit einem Gewicht von 15-20 Tonnen anzubringen.

Unten
Auf der Insel Gavrinis im Golfe du Morbihan befindet sich ein *Cairn* mit einem Ganggrab. Der Grabhügel ist außergewöhnlich gut erhalten und verfügt über herrliche Verzierungen, die Gegenstände und Tiere darstellen. .

Oben links
Die etwa 400 Menhire der erst kürzlich erschlossenen Megalithstätte von Monteneuf in der Nähe von Guer versprechen interessante Einblicke.

Oben rechts
Locmariaquer: Der mit einer Höhe von etwa 20 m bekanntlich höchste Menhir soll durch ein Erdbeben in vier Teile zerbrochen sein.

In der Ortschaft La Roche-aux-Fées bei Essé, wurden 40 Tonnen schwere Steine 4km weit befördert. Das setzt eine Gesellschaft mit hohem Maß an Organisation voraus, in der die Dolmen Fürstengräber sein dürften (es wurden Jade-Beile und Schmucksteine gefunden), sowie eine technisch weit entwickelte Zivilisation mit Fachmännern in der Baukunst. Zu erwähnen ist auch, dass diese Völker ein Beil aus poliertem Stein hervorgebracht haben, das man in Großbritannien, den Niederlanden oder im Elsass wieder findet. Bei Plussulien in der Bretagne wurden jungsteinzeitliche Funde aus einem Zeitraum von über tausend Jahren gemacht.

Um 2000 oder 1800 v.Chr. erfolgt auf der Halbinsel der Übergang vom Stein zum Metall, eingeleitet von Zuwanderern, die übers Meer kamen. Die Bronzezeit beginnnt.

Die Tumuli sind das Werk einer Aristokratie von Kriegsherrn und Handel Treibenden, die ihre Überlegenheit ihren Waffen aus Metall verdanken. An den Küsten Westfrankreichs zählt man ihrer über 30. Es handelt sich dabei um Einzelgräber aus aufgeschichteten Steinen unter einem imposanten Erdhügel von 6-8 m Höhe und einem Durchmesser an die 50 m. Wertvoller Goldschmuck und prunkvolle Stielwaffen mit Goldeinsätzen dienten als Grabbeigaben. An die 100 Tumuli aus einer zweiten Epoche (1450 v.Chr.) sind kleiner, es wurden nur mehr Tonbeigaben und keine Waffen gefunden.

Das auf der Bronzeverarbeitung beruhende Wirtschaftssystem entwickelt sich prächtig. Die Bodenschätze, Forste und Minen im Landesinneren werden genutzt und in den Handelskreislauf an der Küste eingeschleust. Schwerer Schmuck aus Bronze und Gold, sowie Schwerter wurden gefunden. Es lässt sich aber eine Spezialisierung auf Bronzeäxte mit geraden Schäften feststellen (1200-1000 v.Chr.), die sich über Nordeuropa ausbreiten konnten (Niederlande, England, Polen).

Gegen 700 v.Chr. steht die Bronzekultur an der Atlantikküste noch in voller Blüte und bringt die Tüllenbeile hervor, während in Resteuropa bereits die Eisenzeit angebrochen ist, die dieser Zivilisation alsbald ein Ende bereitet.

Ab dem 6. Jh. v.Chr. besiedeln nach und nach Volksstämme mit keltischer Sprache und Kultur die armorikanische Halbinsel. Sie bringen Traditionen der Hallstattkultur mit. Ihre Zahl

Das Geheimnis von Carnac

Wie Gustave Flaubert schon schrieb: „Über Carnac wurden mehr Dummheiten geschrieben, als dort Steine stehen." Und an denen herrscht wirklich kein Mangel! Aufgestellte Steine spielten schon immer eine wichtige Rolle für die Phantasiewelt und die Fruchtbarkeitsriten der Menschen.

Man misstraue dem starren Schein dieser Steine: Bis in die jüngste Vergangenheit besaßen sie geheime Kräfte, die kinderlosen Frauen bestens bekannt waren. Für unsere Vorfahren – und auch manche Zeitgenossen in Indien oder anderswo – ist Stein eine lebende Materie, dem ein Geist innewohnt. In der Bretagne rutschten die Frauen an den heiligen Steinen entlang oder rieben sich gegen die Megalithen. Manche gingen noch weiter: Sie entkleideten sich und simulierten eine Vereinigung. In wissenschaftlicher Hinsicht herrscht unter Fachleuten in nur sehr wenigen Punkten Einigkeit. ■

Unten

Menhire in Erdeven.

Oben links
Dolmen von Crucuno bei Carnac.

Oben rechts
Nahe der Landzunge Pointe de Saint-Mathieu sind an der Straße nach Plougonvelin die christianisierten Menhire *Gibet aux moines* (Mönchsgalgen) zu sehen. Sie sind wohl als Anspielung auf das Recht der Mönche der Abtei Saint-Mathieu zu verstehen, Todesurteile zu verhängen.

Recht unten
Das um 2500 vor JC errichtete Galeriegrab *La Roche-aux-Fées* südlich von Rennes zählt zu den größten Megalithstätten Frankreichs. Die aus einem 4 km entfernten Schiefersteinbruch stammenden 40 Steinblöcke des Grabs sind der Beweis dafür, dass die Menschen des Neolithikums große Felsblöcke zu transportieren wussten.

lässt sich nur schwer bestimmen, aber es sieht so als, als hätten sie die ansässigen Völker nicht ganz verdrängt. Über die Handelsbeziehungen werden gleichzeitig Einflüsse aus dem Mittelmeer-Raum, aus Griechenland und Italien spürbar. Diese verschiedenen kulturellen Strömungen verschmelzen in der Bretagne zu einer Eisenzeit-Zivilisation, vergleichbar mit der La-Tène-Epoche (vom Namen eines Fundortes in der Schweiz).

Die Menschen wohnen in befestigten oppida auf ins Meer ragenden Landzungen (Erquy), Hügeln (Böschungen in Plédran) –, in Lagern mit soliden Wehranlagen (Artus-Lager in Huelgoat). Die Grabanlagen besitzen nicht mehr dieselbe Ausdehnung wie in der Jungsteinzeit und der Bronzezeit. Behauene Stelen werden aufgestellt, die gar an Menhire erinnern könnten, wäre da nicht ihre gleichmäßige, sich vom Sockel zur Spitze verjüngende Form.

Die Bronzekultur ist erloschen, indes finden sich nur selten Gegenstände aus Eisen. Dafür floriert die Keramik, die in Gallien lange Tradition besitzt. Die verschiedenfarbigen Töpfereien, von grau bis rot, sind den Metallgegenständen nachempfunden. Die Verzierung aus Linien und Streifen, mit ihren Windungen und Palmetten, trägt klassisch griechische und lateinische Züge.

Das keltische Armorika ist in fünf von einander unabhängige Siedlungsräume unterteilt (Namneter, Veneter, Osismer, Coriosoliter und jener der Redoner). Die genauen Abgrenzungen sind nicht bekannt.

Am Ende des 2. Jh. v.Chr. begann man dort, nach dem Untergang der Naverner, Goldmünzen zu prägen, die dem hellenistischen Gold-Stater nachempfunden waren. Das gilt besonders für den reichen Siedlungsraum der Veneter am Meer.

Carnac, urgeschichtliche Stätte von Weltrang

Carnac (Département Morbihan) ist eine frühgeschichtliche Stätte von weltweiter Bedeutung. Die „Alignements" in Carnac und den benachbarten Plouharnel und Erdeven zählen an die 4000 Menhire. Viele sind heute nicht mehr vorhanden.

Im **Musée James-Miln-Le Rouzic** auf der Place de la Chapelle ist eine Sammlung von Gegenständen der Megalithkultur ausgestellt (geschliffene Beile, Halsketten, Schmuck).

Das Geheimnis von Carnac konnte nie eindeutig geklärt werden. Manche gehen davon aus, dass die Anlage astronomischen Berechnungen entspricht. Andere wiederum meinen, es handle sich um eine Kultstätte.

Die Alignements dürften auf die zweite Hälfte der Jungsteinzeit zurückgehen (2800-2300 v.Chr.). Sie erstrecken sich über 4km, zwischen den Weilern Ménec und Kerlescan.

Ein grosser Menhir in der Nähe von Rennes

In La Roche-aux-Fées bei Essé (Ille-et-Vilaine) befindet sich ein Dolmen mit Portikus, eine der bedeutendsten Megalithstätten Frankreichs. Diese in der Bretagne sehr seltene Form entspricht dem sog. „Angers-Stil", der in der Region von Saumur sehr häufig vorkommt. Der Dolmen entstand 2500 v.Chr. Die Anlage erstreckt sich über eine Länge von 19,50 m, der schwerste Stein wiegt 45 Tonnen.

Die Römer in der Bretagne

Auf ihrem Eroberungsfeldzug erreichen Julius Cäsars Truppen im Jahre 57 vor JC das gallische Armorika.

Die mit den anderen Siedlungsräumen verbündeten Veneter wollen sich nicht unterwerfen. Cäsar ist daher gezwungen, eine Flotte zusammenzustellen und vom Meer her anzugreifen (56 n.Chr.). Die schweren Schiffe der Veneter bleiben in der Flaute liegen und erleiden eine verheerende Niederlage. Cäsars Sieg bereitet dem Handel der Veneter, ebenso wie der gallischen Vormachtstellung zur See ein Ende, da die Verbindung zu den britischen Inseln unterbrochen ist.

Armorika ist nunmehr Teil des römischen Imperiums. Nach und nach erfolgt die Romanisierung innerhalb der Grenzen der alten Siedlungsräume.

Links
Seltene, bezaubernde Statue der gallischen Göttin „Brigitte" im Museum Musée de Bretagne, das sich heute im Kultur- und Wissenschaftszentrum Champs Libres von Rennes befindet. Die Statue wird auf das ausgehende 1. Jh. vor JC bzw. die Anfänge unserer Zeitrechnung datiert. © *Musée de Bretagne,* Rennes.

Im 1. und 2. Jh.n.Chr. wird der Bau von Städten begonnen: Nantes (Condevincum), Rennes (Condate), Vannes (Darioritum), Carhaix (Vorgium), Corseul. Tempelbauten, Theater, Portika, reiche Häuser, Kanalanlagen und Aquädukte prägen die Architektur (in Carhaix noch zu sehen). Stadtverwaltungen werden eingesetzt. Die römische Baukunst mit ihrem Mauer- und Ziegelwerk breitet sich aus, sogar bis in ländliche Gegenden im Inneren der Bretagne, wo ausladende Villae erbaut werden, verziert mit Fresken und Marmor, und wo auch Bäder nicht fehlen. Ein zusammenhängendes Straßennetz verbindet die Städte untereinander und auch mit dem rest-lichen Gallien. Erst im 18. Jahrhundert wurde es erneuert. Sogar einige Meilensteine sind erhalten geblieben (Berrien, Kernilis, Mespaul…).

Die Landwirtschaft macht den wesentlichen Teil der Wirtschaft aus. Die Fischer beliefern die Konservenbetriebe und Pökeleien in den Häfen. Die Waren für den römischen Lebensstil wurden importiert (Keramik, Marmor, Öl- und Weinamphoren). Im gallisch-römischen Armorika wurde auch Bergbau betrieben (Silber, Zinn, Blei, Zink).

Julius Cäsar in Armorika
Die Bretagne hatte großes Glück: Durch die Feder eines herausragenden Schriftstellers, Julius Cäsar, hielt sie viel beachteten Einzug in die Literatur. Der ungefähr 101 v.Chr. in Rom geborene Kriegsherr eroberte Gallien. In seinem Buch De Bello Gallico („Der gallische Krieg"), verfasst im Jahr 52, berichtet Cäsar von der Eroberung der Bretagne (Buch III). Vermutlich um seine Heldentaten hervorzuheben, ging er ausführlich auf die Kriegskunst der Veneter ein. Eine entscheidende Seeschlacht fand im Jahre 56 statt, vor der Küste des heutigen Morbihan. ■

Oben
Im Gegensatz zu zahlreichen ehemaligen Regionen des Römischen Reichs (von Schottland bis in den Nahen Osten) sind in der Bretagne nur wenige spektakuläre Überreste aus der Römerzeit erhalten geblieben. So ist die *Cella* (1. Jh.) in Corseul, auch Marstempel genannt, ein um so wertvollerer Zeitzeuge, auch wenn wir laut Professor René Marache „den Römern viel zu verdanken haben, wie beispielsweise Straßen, Städte, italienisches Steingut, Namen von Einrichtungen und Göttern".

Corseul, eine Römerstadt…

Im Jahre 57 v.Chr. geht das Gebiet der Coriosoliten und dessen Hauptstadt Corseul nahe bei Dinan (Côtes d'Armor) in die Geschichte ein: Es wird von Julius Cäsar in seinen Gallischen Kriegen erwähnt. Von diesem Gallier-Volk ist bekannt, dass es Münzen prägte, die Insel Jersey besaß und mit dem Süden Englands Handelsbeziehungen unterhielt. Um 40 v.Chr. wird Corseul zu einer römischen Civitas mit dem – wahrscheinlichen aber nicht sicheren – Namen Fanum Martis, bis es dann ca. im 3. Jahrhundert Civitas Coriosolitum genannt wurde.

Über vier Jahrhunderte war es ein gallisch-römisches Zentrum ersten Ranges. Fünf Römerstraßen hatten dort ihren Endpunkt, und Corseul stand in Verbindung mit einem Teil des Imperiums, von Aquitanien bis in die Toskana. Vor allem die zweite Hälfte des 1. Jh. war die Blütezeit der Stadt.

Der Niedergang setzte im 4. Jh. ein, und schon bald überragte Alet (nahe dem heutigen Saint-Malo) die ehemalige Hauptstadt der Coriosoliten. Die Barbaren versetzten der Stadt den Todesstoss, die, wie es scheint, im Jahr 406 bei einem Brand zerstört wurde.

Aus dieser Zeit sind wenige Aufsehen erregende Fundstücke erhalten geblieben. Das römische Erbe wurde im Laufe der Jahrhunderte geplündert. Einige Fragmente (darunter eine Säule mit Kapitell) wurden in den Gärten des Rathauses zusammengetragen. Ein paar weitere (Säulenstücke) sind im Jardin des Antiques, in der Rue Lessard zu sehen. Ganz in der Nähe das (in der Hauptsaison geöffnete) archäologische Museum.

In der Kirche (1838) ist ein gallo-römischer Grabstein aus dem 1. Jh. zu bewundern.

In 200m Entfernung von der Kirche (auf der Straße nach Saint-Jacut) ist die Ausgrabungsstätte des Champ-Mulon zu sehen. Doch das einzig Spektakuläre ist 3,5 km östl. des Rathauses, neben der Straße nach Dinan, im Dorf Haut-Bécherel zu sehen. Es dürfte sich um eine cella handeln, dem sog. "Temple de Mars". Dieser Turm mit vieleckigem Grundriss, wahrscheinlich im 1. Jh. erbaut, ist ein Beleg für Qualität und Beständigkeit der römischen Bauten.

Eine neue Fundstätte: Châtillon

In Noyal-Châtillon (Ille-et-Vilaine) wurde 1983 eine neue site gallo-römische Siedlungsstätte (2. und 3. Jh.) entdeckt, was nicht weiter überrascht, führte doch hier eine bedeutende Römerstraße entlang. Zwischen 1983 und 1987 wurden groß angelegte Ausgrabungen durchgeführt.

Karolinsche und romanische Kunst

Nur wenig ist aus der karolingischen Epoche erhalten. Münzen, ein paar Inschriften auf Stelen... aber auch ein einmaliges Juwel, die karolingische Kirche in Saint-Philbert-de-Grand-lieu (Loire-Atlantique).

Oben
Die im Volksmund „Tempel von Lanleff" genannte Kirche stammt aus dem ausgehenden 11. Jh.

Links
Kreuzgang in Daoulas.

Kapellen in Pléchâtel (Ille-et-Vilaine) und Guer (Morbihan) könnten bis aufs 10. Jh. zurückgehen – zwei der wenigen erhaltenen Bauten aus dieser Zeit. Die meisten der noch bestehenden wurden übrigens restauriert, vergrößert oder sogar entstellt. Ein Banause von Kirchenmann ließ romanische Kirchen gar niederreißen und an ihrer Stelle Meisterwerke von beeindruckender ... Hässlichkeit errichten.

Der robuste und nüchterne Eindruck, der von gedrungenen romanischen Kirchen und Kapellen ausgeht, weckt bei den Besuchern oft Erstaunen. Die verwendeten Materialien (Schiefer, Granit, Sandstein) verleihen den Bauten zusätzliche Strenge. Die Dekorkunst hat verschiedene Ursprünge (griechisch-römische, nordische, orientalische, muslimische oder irische Stile). Geometrische Zierwerke sind am geläufigsten (Zickzack-Ornament, Spiralen Bandelwerk, Rollenfries, Kreise, Festone, Schachbrettmuster und die sehr häufigen Verkröpfungen).

In der Bretagne gibt es nur einen einzigen Profanbau aus dieser Epoche: das Maison des Plaids in Dol. Im 12. Jh. wurden wohl viele Schlösser und Burgen erbaut, bestenfalls sind aber noch Reste vorhanden.

Seltene Spuren aus karolingischer und präromanischer Zeit

Die kirche Saint-Philbert-de-Grand-Lieu (Loire-Atlantique)

Saint-Philbert liegt südlich des Grand-Lieu-Sees. Die herrliche, nahezu vollständig erhaltene karolingische Kirche ist eines der – in Frankreich wie Europa – seltenen Monumente aus dieser Zeit.

Diese Kirche steht in der Dorfmitte, an einem schattigen Plätzchen. Von der Außenseite, die eigentlich wenig beeindruckt und sich von den umliegenden Häusern kaum abhebt, darf man sich nicht irritieren lassen. 1870 wurde das Gebäude zweckentfremdet und musste Ende des 19. Jh. ein wenig restauriert werden.

Der obere Teil des Baus hatte unter dem Umbau am meisten zu leiden, und so liegt das heutige Dachgebälk um 3 m niedriger als das ursprüngliche. Ein großer Teil der Kirche stammt aus der karolingischen Zeit (9. Jh.). Das Querschiff entstand 819. Die Normannen setzten den Bau 847 in Brand, und das Kirchenschiff

Oben
Die Kapelle Saint-Étienne in Guer zählt zu den bemerkenswertesten Kapellen der Bretagne und stammt aus der Epoche zwischen Karolingerzeit und Romanik.

Links
Die herrliche Karolingerkirche in Saint-Philbert-de-Grand-Lieu aus dem 9. Jh.

wurde erst im 11. Jh. wieder aufgebaut, auf dem selben Mauerwerk, in welchem Stein und Ziegel abwechseln.

Die gesamte Ostseite des Gebäudes wurde dahingehend erneuert, die Grabstätte des Hl. Philbert in den Vordergrund zu rücken und es den Pilgern zu ermöglichen, die Reliquien von allen Seiten zu betrachten. Es findet sich hier eines der seltenen und zugleich ältesten Beispiele für eine Hohe Krypta mit Chorumgang. Das Langhaus ist das bedeutendste Element des Baus: Eine Doppelreihe von massiven Pfeilern, auf denen steinerne Kapitelle aufsitzen.

Sehr interessant ist die zwischen der Klosterkirche und dem Boulogne-Fluss gelegene mittelalterliche Gartenanlage, auch Garten der schlichten Gemüter genannt.

Die kapelle Saint-Étienne de Guer (Morbihan)

Die Kapelle Saint-Étienne de Guer (die Straße nach Malestroit, dann nach rechts in die V 7 einbiegen) besteht aus einem einfachen rechteckigen Kapellenraum. Bemerkenswert: die ostseitige Giebelspitze (Ziegel-Ornamentik). Es handelt sich um eine der ältesten Kapellen der Bretagne, sie dürfte aus dem Ende der karolingischen Zeit (10. Jh.) stammen.

Romanische Kunst in der Bretagne

Oben
Romanische Kirche in Lanleff.

Oben rechts
In der romanischen, genauer gesagt vorromanischen Krypta der Kirche von Lanmeur befand sich vormals das Grab ihres heiligen Schutzpatrons Saint-Mélar.

DAOULAS (Finistère)

Die Kirche — früher Abteikirche – wurde ab 1167 auf den Überresten einer viel älteren Abtei errichtet. Später wurde sie jedoch mehrmals umgebaut und gegen 1877 – einer Zeit, wo man sogar ganze Bauten versetzte – weitgehend im romanischen Stil restauriert. Die W-Fassade, das nördl. Seitenschiff sowie das 7-jochige Langhaus stammen größtenteils aus dem 12. Jh.

Der Kreuzgang (ca. 1170) wurde bei der Restauration im 19. Jh. aufgestockt und vervollständigt (einige Bauelemente sind daher eigentlich Nachbildungen). Es handelt sich um ein schönes Beispiel für die romanische Kunst in der Bretagne jener Zeit (2. Hälfte 12. Jh.), bemerkenswert v.a. die Säulchen mit den prächtigen Kapitellen aus Kersantit. In der Mitte ein 8-eckiges Brunnenbecken, für Waschungen, mit reicher geometrisch gestalteter Ornamentik; der normannische Einfluss lässt sich nicht leugnen. Im O-Teil des Kreuzganges ist die Wand des Kapitelsaales mit zwei romanischen Doppelfenstern zu sehen.

LANLEFF (Côtes-d'Armor)

Vom runden „Tempel“ aus rosa Granit in Lanleff sind nur mehr Ruinen zu sehen. Diese Überreste sind jedoch in mehrfacher Hinsicht von Interesse.

Der „Tempel" besitzt, so wie er heute zu sehen ist, in der Mitte eine Rotunde mit 12 Rundbogenarkaden, ein ebenfalls kreisrundes Seitenschiff mit – Schießscharten gleichen – Fenstern; weiters eine typische romanische Chorkapelle mit Halbkuppelgewölbe.

Der Baustil der Kirche (ca. Ende 11. Jh., zur Zeit der Kreuzzüge) ist der Heiligen Grabeskirche zu Jerusalem nachempfunden.

LANMEUR (Finistère)

Diese Ortschaft entstand an der Stelle des früheren Kerfeunteun („Stadt der Fontäne"), das im 9. Jh. von den Normannen zerstört wurde. Es gibt noch Überreste der alten Stadt, v.a. die Krypta aus der romanischen oder vielleicht sogar präromanischen Epoche, unter der heutigen Kirche (1904, Glockenturm aus dem 18. Jh.). Eine einzigartige Krypta in der Bretagne.

LOCTUDY (Finistère)

In diesem Badeort steht die am besten erhaltene romanische Kirche der Bretagne. Obwohl Fassade und Glockenturm wenig beeindrucken mögen (sie stammen aus 1760), lohnt sich die Besichtigung des Kirchenchors in Halbkuppelgewölbe, des Umgangs (Kreuzgratgewölbe) sowie der schönen Chorkapellen. Im Kirchenschiff, in das durch Fenster oberhalb der Arkaden Licht fällt, sind kreuzförmige Pfeiler zu sehen.

Die Kapitelle, mit Verkröpfungen, Palmetten und Spiralen, Tier- oder Menschenfiguren dekoriert, sind – in Granit – dem klassischen korinthischen Kapitell nachempfunden. An mehreren Säulenbasen sind nackte Männer- und Frauengestalten zu sehen.

Der Bau (Anfang 12. Jh., 1845-1888 restauriert) weist den Einfluss der Benediktiner-Abtei in Saint-Gildas-de-Rhuys auf, der er unterstand – das erklärt, wie der Kunststil an der Loire sich hier durchsetzen konnte.

MERLEVENEZ (Morbihan)

Wie so manche Gemeinden im Mündungsgebiet um Lorient, war auch diese im 2. Weltkrieg starken Zerstörungen ausgesetzt. Dennoch konnte eine romanische Kirche erhalten bleiben, die zwischen 1946 und 1969 restauriert wurde. Die Portale sind romanisch; der Kirchturm aus dem 14. Jh. musste nachgebaut werden. Im Inneren sind im Langhaus die Arkaden mit den reich verzierten romanischen Kapitellen zu bewundern. Über der Vierung liegt eine schöne Kuppel über spätromanischen Trompen.

PLOËRDUT (Morbihan)

Kirche mit wenig interessantem Äußeren, wo alle Stilepochen vom 13. bis 19. Jh. vermischt sind. Doch lohnt der Gang ins Innere: Ein romanisches Kirchenschiff mit 8 Gewölbefeldern, und kubische Kapitelle – eine Besonderheit des westl. Morbihan – mit geometrischen Verzierungen (Voluten, Schachbrettornament, Bogen, Zickzack-Stäbe). Dem Gotteshaus angegliedert befindet sich ein Beinhaus.

QUIMPERLÉ (Finistère)

Die ehemalige Abteikirche Sainte-Croix ist ein Kleinod romanischer Baukunst. 1083 errichtet, musste sie im 19. Jh. nach dem Einsturz des zentralen Kirchturms wieder aufgebaut werden. Die Arbeiten (1864-1868) wurden voller Sorgfalt ausgeführt, und das Ergebnis entspricht durchaus dem ursprünglichen Bauwerk. Im kreisrunden Grundriss erkennt man das Vorbild der Grabeskirche von Jerusalem. Zu sehen sind eine Rotunde, ein Portalvorbau und drei Chorkapellen. Die Apsis konnte den Angriffen der Zeit Stand halten. Sie ist eine der schönsten in der Bretagne, mit ihren Fenstern, Arkaden, Pfeilern und Kapitellen. Die Krypta (11. Jh.) ist intakt; die reich verzierten Kapitelle sind – wie jene im Chorraum – bemerkenswert.

Links

Romanische Kirche in Merlévenez.

Unten

Romanische Krypta (11. Jh.) der Kirche Sainte-Croix von Quimperlé.

Links
Romanische Apsis der Kirche in Saint-Gildas-de-Rhuys.

Rechts
Romanischer Kirchturm (12. Jh.) der Kirche Saint-Sauveur in Redon.

Die Artus-Sage

Der Überlieferung zufolge, soll Artus ca. 475 an den Grenzen Schottlands und des heutigen Cumbria (N-England) geboren worden sein. In den letzten Jahren des 5. Jh. soll er zum Anführer der bretonischen Stämme im Norden geworden sein und den Widerstand gegen die Sachsen organisiert haben. Seine Heldentaten wuchsen sich im Laufe der Jahrhunderte zu Legenden, ja Mythen aus. Allen voran die gallischen Barden verherrlichten die Abenteuer von König Artus; zur Römerzeit erlangte sein Name in ganz Europa Berühmtheit durch Schriftsteller wie Geoffroy de Monmouth, Robert Wace und Chrétien de Troyes. Letzterer (von dessen Leben man so gut wie nichts weiß) schrieb wunderschöne Sagen, in denen sich der Wald von Brocéliande, der Brunnen von Barenton und König Artus wieder finden. Die „Bretagne", wie sie dieser Schriftsteller beschreibt, ist natürlich Dichtung, verzerrt durch die Gabe der Phantasie. Aber auf diese Weise wurde aus dem Wald von Brocéliande (bei Paimpont) einer der Mittelpunkte der Artus-Sage.

REDON (Ille-et-Vilaine)

Die Kirche Saint-Sauveur gehörte früher zu einer Benediktiner-Abtei. Der zentrale Glockenturm stammt aus dem 12. Jh. und besitzt in drei Etagen angelegte Arkaden mit abgerundeten Ecken.

Es ist der einzige romanische Glokkenturm dieser Größenordnung in der Bretagne und wahrscheinlich der einzige romanische Glockenturm Frankreichs mit abgerundeten Ecken. An der Außenseite liegt neben der Apsis eine befestigte Kapelle aus dem 15. Jh. Der gotische Glockenturm (14. Jh.), der nach einem Brand im 18. Jh. isoliert steht, vermittelt einen Eindruck von der Größe des Langhauses des romanischen Bauwerkes, dem größten der Bretagne. Das Innere des Gotteshauses belegt auch, dass die Kirche im Laufe der Jahrhunderte umgestaltet wurde: das lange Kirchenschiff, die Vierung und einige Fresken sind romanisch, der Chor aber aus dem 13. Jh. (man beachte das einmalige Triforium). Unter dem Glockenturm überragt eine Kuppel auf Trompen (in der Bretagne selten) die Vierung.

Der beste Aussichtspunkt, um den romanischen Kirchturm der Kirche Saint-Sauveur zu bewundern, ist der Kreuzgang im Gymnasium Saint-Sauveur.

SAINT-GILDAS-DE-RHUYS (Morbihan)

Der erste Klosterbau wurde im 10. Jh. von normannischen Piraten geplündert; ein Jahrhundert später ließ Herzog Geoffroi I. von einem Mönch namens Felix wieder aufbauen, der von seiner Einsiedelei auf Ouessant fortgerissen wurde. Im 12. Jh. wohnte der berühmte Abälard an die 10 Jahre lang hier.

In der Kirche, im 17. Jh. von den Benediktinern umgebaut, sind ein paar Elemente der Abteikirche aus dem 11. und 12. Jh. erhalten geblieben: der Chor, das Querschiff, die Kapitelle sowie die Grabstätten. Romanische Kapitelle sind zu Weihwasserbecken umgestaltet worden. In der Sakristei eine bemerkenswerte Schatzkammer.

SAINT-GILDAS-DES-BOIS (Loire-Atlantique)

Im 11. Jh. beschloss der Lehnsherr in La Roche-Bernard, eine Benediktiner-Abtei zu gründen. Die heutige Kirche ist die ehemalige Abteikirche. Ein schönes Gotteshaus aus dem 12. und 13. Jh. Der nordseitige Kreuzflügel, die Chormauern und das Langhaus stammen aus dem 12. Jh.; der Rest scheint aus der Übergangsphase zwischen Romanik und Gotik zu stammen. Die Kirche wurde im Laufe der Zeit mehrmals umgebaut und 1950 restauriert.

Von der Gotik zur Renaissance

Die gotische Kunst dringt Ende des 12. Jh. von der Loire herüber (Gewölbe in Saint-Malo), und dann v.a. aus der Normandie und übers Meer, aus England.

Links
Kreuzigungsgruppe (um 1555) der umfriedeten Pfarrkirche in Pleyben.

Unten
Kreuzgang in Tréguier (1450-1479).

Es entstehen Kathedralen, Abteien und Kapellen von be-scheideneren Ausmaßen und mit Stilmerkmalen, die die Baukunst der Bretagne über lange Zeit bestimmen sollten: große Chorräume mit flachem Chorhaupt, eingefasst in dicke Gemäuer mit tiefen Fensterauslässen (Landspitze Saint-Mathieu, Saint-Malo), geometrische Durchgliederung mittels markanter Profilleisten; strenge Pfeiler, Mauer-oberflächen und große Türme, die den riesigen Vorraum überragen (Dol, Saint-Herbot, Saint-

Oben links

Umfriedete Pfarrkirche in Sizun mit Kirche (Anfang 16. Jh.), Beinhaus und prächtigem Triumphbogen.

Oben Mitte

In der schönen Kirche von Commana sind Altaraufsätze, Statuen, ein Ecce Homo und ein Taufbecken mit Baldachin zu sehen, das von fünf die christlichen Tugenden verkörpernden Frauenfiguren geziert wird.

Oben rechts

Außergewöhnlich schöne Rundbögen der Kirche Notre-Dame de Roscudon in Pontcroix.

Pol-de-Léon, Pont- Croix). Besonders erwähnenswert die seltenen Fresken (Legende des Hl. Gilles) aus dem Anfang des 13. Jh. in Loroux-Bottereau (Loire-Atlantique).

Im 15. und 16. Jh. erlebt die Spätgotik in der Baukunst der in Hunderten übers Land verstreuten Kapellen ihre Blütezeit. Sie verewigen das in vielen Orten verankerte Heilige (Brunnen, Gipfel eines Hügels) und die damit zusammenhängende Frömmigkeit des Volkes.

Aber nur keine falschen Vorstellungen: Sie sind nicht das Werk von Bauern. Als ursprüngliche Kunst der Obrigkeit wurden sie entweder von den Herzögen errichtet, in einem Wetteifern, das sich an den in den Stein gehauenen Wappenzeichen an den Fassaden erkennen lässt (Le Folgoët, Locronan); oder von angesehenen Familien, in der selben Absicht; oder aber von reichen Kaufleuten in den Seehandelszentren (Penmarc'h, Morlaix, Locronan). Die Bauten wurden von ein paar spezialisierten Handwerkergilden verwirklicht, die durch die ganze Bretagne reisten. Das erklärt die charakteristischen Züge dieser Kunst, aber auch die große Vielfalt. Die vollendetsten Kapellen stehen zweifelsfrei in Le Folgoët und Kernascléden. Die Kirche, an die gelegentlich eine kleinere Kapelle anschließt, mündet an der Ostseite in ein flaches Chorhaupt, in das ein großzügiges Fenster eingelassen ist; Ende des 15. Jh. findet man auch ein dreigiebeliges Chorhaupt, das über eine Werkstatt in Morlaix Verbreitung findet.

Das nüchterne Kirchenschiff wird meist von einem Holzgebälk über-

deckt, mit geschnitzten Deckenbalken und Fußpfetten.

Vom einzigen, südseitig gelegenen Seitenschiff ist es durch große Giebelbogen abgetrennt, die sanft in die Pfeiler ohne Kapitelle einmünden. Die Mauer des Seitenschiffs ist von großen Fenstern durchbrochen; sie verleihen dem Gotteshaus von außen dieses markante Aussehen, wo sich scharfe granitene Zacken vom weiten Schieferdach sichtbar abheben. Auf der Südseite grenzt ein riesiger Vorraum an, im Inneren mit Apostelstatuen verziert.

In den Städten und im Osten gibt es zahlreiche hoch ausgelegte Kirchen mit schmalem Pfeilerwerk (Saint-Jean-du-Doigt, Grâces-Guingamp, Ploërmel, Vitré, Penmarc'h). Der Glockenturm folgt entweder der anglonormannischen Bautradition – durchbrochene Kirchturmspitze, kleinere Türmchen und eine Balustrade (Saint-Pol-de-Léon) –, oder es handelt sich um bescheidener gehaltene Türme, die auf der Giebelmauer aufstützen und dabei elegant Balustrade wie Giebeltürmchen tragen und von einem Treppentürmchen flankiert sind. Zum Kirchenbau gehören im Allgemeinen auch ein Beinhaus und ein Calvaire, mitunter ein Brunnen (Saint-Nicodème) – zusammen bilden sie einen „Enclos paroissial" (umfriedeter Pfarrbezirk). Durch die Verwendung von Kersantit (feinkörniges Basaltgestein) konnten ausgefeilte und elegante Bildhauerarbeiten entstehen (z.B. Statuen und Blattzierwerk in Le Folgoët und Kernascléden). In manchen Kirchen ist das Langhaus noch durch Chorschranken und Lettner vom Chorraum abgetrennt (Saint-Fiacre-du-Faouët, Belle-Isle-en-Terre, Loc-Envel, Kerfons).

Die Spätgotik konnte sich im Kunstschaffen der Bretagne durchsetzen und fand in diesem eine Neuinterpretation; lange blieb sie das wichtigste architektonische Ausdrucksmittel. Wahrscheinlich fanden in ihr die tiefen religiösen Überzeugungen der Menschen eine bleibende Antwort, sie entspricht aber auch dem gesellschaftlichen und wirtschaftlichen, geistigen und kulturellen Gefüge als solchem. Auf diese Weise fanden bauliche Merkmale aus dem 15. Jh. bis 18. Jh. in ländlichen Gebieten ihre Nachahmer. Immer weitere Schichten der Bevölkerung griffen sie auf, eine regelrechte Volkskultur entstand.

Anfang des 16. Jh. setzt die Renaissance ein, noch während die Spätgotik in Blüte steht. Während sich z.B. Guingamp oder Landivisau Wandpfei-

Oben
Die 78 m hohe Kirchturmspitze der Kapelle Notre-Dame du Kreizker in Saint-Pol-de-Léon. Vier kleine Türme verleihen der Kirchturmspitze ihre Stabilität.

ler und Kandelaber der Loire-Schlösser als Schmuckwerk zu Eigen machen, werden Altaraufsätze und Statuen (Unbefleckte Jungfrau), Glaswerk (La Martyre, Moncontour) aus Deutschland oder Italien importiert bzw. imitiert (Champeaux, Dol). Ab dem Ende des 16. und im 17. Jh. entwickelt sich – vor allem in der Region Léon – eine prachtvolle Variante der klassischen Renaissance-Kunst. Das Handel treibende Bürgertum errichtet die umfriedeten Pfarrbezirke.

Die Baustruktur der Kirche bleibt gegenüber vergangenen Jahrhunderten unverändert, es kommt aber eine neue in Paris geprägte Zierkunst hinzu. Das gilt auch für den Portalvorbau, den großen Calvaire, das Triumphtor (Berven, Sizun, Saint-Thégonnec) und das Beinhaus. Die Baumeister übertragen ihre Vorbilder auf Granit – klassische Frontgiebel, Ringsäulen, umhüllte Karyatiden (La Martyre) –, die sie in den Architektur-Büchern eines Philibert Delorme, dem Gestalter der Tuileries, oder eines Jacques Androuet du Cerceau (1566) gesehen haben. Der große Turm trägt stolz Kuppeln und Laternen (Pleyben), ebenso wie der schmächtige Giebelturm (Roscoff, Sainte-Marie-du-Ménez-Hom).

Im Inneren werden diese Bauten mit reichem Mobiliar ausgestattet (17. und 18. Jh.). Missionen und Vorstellungen der Jesuiten sowie klassizistische Städte- bzw. Altar-Bauten im „Laval-Stil" (Sizun) üben großen Einfluss aus, und so kann sich ein manieristischer oder barocker Innendekor durchsetzen, der auch vor dem Chorraum und den Seitenkapellen nicht Halt macht. Manche Bauten sind von außergewöhnlichem Reichtum (Commana, Bodilis, Saint-Ségal, Brasparts). Nischen und Altaraufsätze werden von Heiligenstatuen in barokkem Gewand oder von Madonnen in italienischem Stil geziert. Ein reich verzierter Glorienbalken tritt an die Stelle des im Zuge einer Liturgiereform entfernten Lettners.

Die bedeutendsten Pfarrbezirke im Finistère

COMMANA

Das mächtige Tor zum Friedhof ist, wie die Sakristei in der SO-Ecke (1701) mit Laternen geziert. Das Beinhaus stammt aus 1686. Die Kirche besitzt einen Glockenturm mit quadratischem Grundriss und steinerner Spitze. Die südseitige Vorhalle (ca. 1650) ist ein schönes Beispiel für die bretonische Renaissance. Im Inneren beeindruckt der Sainte-Anne-Altar (1682), der die Heilige Anna mit Maria und Jesus dar-stellt. Liebhaber des üppigen Barockstils sehen darin einen der schönsten des Léon. Rechts davon der Rosenkranz-Altar und der Altar der Fünf Wunden. Nebst mehreren Statuen und einem Ecce Homo aus Holz, ist der Baldachin des Taufbeckens bemerkenswert, getragen von fünf Frauen, stellvertretend für die christlichen Tugenden.

Oben
Farbenfroher, vergoldeter Altaraufsatz der Hl. Anna (1682) in Commana.

Commana: „Tal der Ana"?

„Commana" steht vielleicht für „Tal der Ana". Das breton. Wort komm, dessen heutiger Sinn 'Trog' ist, bedeutete früher 'Tal'. Bei Ana soll es sich um die keltische Göttin Ana (oder Dana) handeln. In der Bretagne hat bekanntermaßen die Legende der Hl. Anna weite Verbreitung gefunden. Dieser bretonischen Überlieferung zufolge, ist die Mutter der Maria in der Bretagne geboren. Als sie Witwe wurde, begab sie sich nach Palestina und verehelichte sich dort ein zweites Mal. Nachdem sie Maria das Leben schenkte, kehrte sie nach Armorika zurück... wo Jesus sie übrigens besuchte. Augenscheinlich wurden hier zwei Kulte vermengt: der jüngere um die Hl. Anna (ein Name, der im Neuen Testament nicht genannt ist), der zur Zeit der Kreuzzüge aus dem Orient mitgebracht wurde, und jener um die keltische Göttin Ana. Jedoch sind noch komplexere und ältere Ursprünge dieses Mythos nicht auszuschließen.■

Rechts
Triumphbalken kamen erstmals nach der Liturgiereform des Konzils von Trient auf, als die Kirche eine Annäherung der Gläubigen an den Klerus beschloss. Auf dem Triumphbalken in Lampaul-Guimiliau (15. und 16. Jh.) sind ein Kruzifix, die Jungfrau Maria und der Hl. Johannes zu sehen.

Unten
Guimiliau: eine der schönsten umfriedeten Pfarrkirchen der Bretagne.

GUIMILIAU

Der Besucher betritt den Enclos durch ein Triumphtor. Rechterhand erhebt sich der große, prachtvolle Calvaire (Ende 16. Jh.): er trägt mehr als 200 szenische Darstellungen. Wie zu jener Zeit üblich, schildern sie Episoden aus dem Leben Jesu, folgen aber keiner Chronologie; die Figuren tragen die Gewänder des 16. Jh.

Die Grabkapelle aus der Mitte des 17. Jh. verfügt über eine Außenkanzel für die Homilien im Freien, insbesondere zu Allerseelen.

Die südseitige, zur Kirche führende Vorhalle (1606) ist charakteristisch für die Renaissance im Léon.

Die Kirche ist ein gutes Beispiel für die bretonische Spätgotik, mit einigen Renaissance-Elementen versetzt. Das bemerkenswerte Mobiliar stammt aus dem Ende des 17. Jh., in Anlehnung an die entstehende katholische Gegenreform. Die Taufkapelle, linker Hand, ist ein Meisterwerk der Barock-Kunst.

LAMPAUL-GUIMILIAU

Der Friedhof bildet den Mittelpunkt des Pfarrbezirks. Man betritt ihn durch ein Rundboden-Tor, das die Kreuzigungsgruppe trägt (1668); daran anschließend das Beinhaus (1667). In der Mitte des Enclos erhebt sich ein Calvaire von beeindruckender Nüchternheit.

Die Kirche ist gotisch mit Ziermotiven aus der Renaissance. An ihrer Westfassade ragt ein Glockenturm (1573) empor, dessen Spitze 1809 einem Blitzeinschlag zum Opfer fiel. Langhaus und das südl. Seitenschiff weisen mit Chimären und Fabeltieren verzierte Fenster-auslässe auf und stammen allesamt aus der ersten Hälfte des 16. Jh. – Ausnahme: der Strebepfeiler, in spätgotischem Baustil. In der südseitigen Vorhalle (1533) sind traditionsgemäß die 12 Apostel zu sehen.

Im Inneren der Kirchen erwarten den Besucher drei wahre Prachtstücke. Zunächst einmal der Triumphbalken (16. Jh.), natürlich mit einem Kruzifix und Statuen der Jungfrau sowie des Hl. Johannes geziert. Am Retabel des Altars Johannes' des Täufers finden sich Bilddarstellungen aus seinem Leben wie auch Episoden aus dem Leben Jesu. Auf den seitlichen Flachrelief ist der Fall der Engel abgebildet. Der Aufsatz des Passionsaltars ist in 8 Tafeln unterteilt; die Darstellungen sind mitunter ergreifend realistisch. Die beiden seitlichen Bilder sind bemerkenswert.

Im rechten Seitenschiff, Taufbekken mit Baldachin (1651). Links eine Pietà (1530), deren 6er-Gruppe aus einem einzigen Block geschnitzt ist. Ein kleines Stück weiter die beeindruckende Grablegung, eine der schönsten in der Bretagne (1676). Sie wurde von einem Steinmetz, einem Marineangehörigen in Brest (gebürtig aus der Auvergne) verwirklicht.

LA MARTYRE

Am Zugang zum Enclos erhebt sich ein Triumphtor (15. Jh.), über dem sich eine Plattform und ein Calvaire (16. Jh.) befinden. In der – mit äußerster Finesse gestalteten – Vorhalle (ca. 1450) ist das Leben Jesu mitsamt Einzelheiten aus dem Leben jener Zeit dargestellt, zu sehen ist auch ein lebensechtes Bildnis des Stifters. Auf dem Tympanon eine späte Darstellung Mariae im Wochenbett; Widerlager und Wölbungen weisen eine Unzahl von Engelsstatuen und Menschenfiguren auf. In der Vorhalle ist ebenfalls ein Weihwasserbecken mit einem Ankou (1601) zu sehen. Das Beinhaus stammt aus 1619 und wurde in feinem Kersantit-Stein gebaut.

Entlang der Außenmauer ist eine eingehüllte Karyatide zu sehen, ganz wie aus den Architektur-Büchern der französischen Renaissance.

Unten

Umfriedete Pfarrkirche von La Martyre: begehbarer Triumphbogen (15. Jh.) mit Kalvarienberg vor der Kirche.

Im Inneren der Kirche verwundert einen das Fehlen jeglicher architektonischer Einheit.

PLEYBEN

Die Kirche (1564, Ende 19. Jh. restauriert) verfügt über zwei Türme. Von dem einen, der mit einer schlanken und dynamischen Spitze besetzt ist, führt eine Galerie zu einem kleinen Türmchen, das die Funktion eines Treppenaufgangs erfüllt und von einem Glöckentürmchen gekrönt ist.

Der zweite, wuchtigere, Renaissance-Glockenturm, dem großen Turm anglo-normannischen Stils nachempfunden und dem neuen Stil angepasst (begonnen 1588, fertig gestellt 1642), trägt eine Kuppel und Laternen. Er sollte das Vorbild für viele bretonische Glockentürme sein. Unter dem Portalvorbau postiert, empfangen die Apostel den Besucher. Die Sakristei (1719) wird von einer Kuppel (Ofengewölbe) mit Laterne beherrscht.

Trotz der Schönheit der Kirche, ist doch der Calvaire (ca. 1650) das Meisterstück von Pleyben.

Das Monumentaltor stammt aus 1725.

Auf den Spuren verborgener Kleinode: Le Faouët

Der Reiseerfahrene weiß, dass sich gewisse Kleinode am Ende der Welt zu verbergen pflegen. Von dieser Regel macht die im Südosten von Gourin gelegene Ortschaft Le Faouët, deren Markthallen aus dem 16. Jh. allein schon den Abstecher lohnen, keine Ausnahme. Hier liegen zwei wunderschöne Bauwerke: die Kapelle Saint-Fiacre (ausgehendes 15. Jh.) mit einem außergewöhnlichen Lettner und die traumhafte Kapelle Sainte-Barbe (Ende 15., Anfang 16. Jh.) in atemberaubender malerischer Lage. Zur Besichtigung dieser Kapelle folgt der Besucher einem steilen Pfad, der durch ein schattiges Waldgebiet führt und dem tiefer gelegenen Bett des reißenden Flusses Ellé folgt. ■

Unten

Umfriedete Pfarrkirche von Pleyben.

SAINT-THÉGONNEC

In die Umfriedung des Pfarrbezirks ist das majestätische Triumphtor (1587) eingelassen, das sich aus vier von Laternen gekrönten Granitpfeilern zusammensetzt. Der Calvaire (1610) ist der jüngste im Léon. Über einem bescheidenen Sockel erheben sich drei Kreuze (das mittlere trägt außer Figuren, Engeln und Rittern noch zwei übereinander liegende Querbalken).

In unmittelbarer Nähe steht die Begräbniskapelle (oder Beinhaus). Sie wurde zwischen 1676 und 1682 errichtet. Die Ornamentik an der Fassade ist ein herausragendes Beispiel für die bretonische Renaissance. Im Inneren eine Krypta, in der die Grablegung (ca. 1699) mit lebensgroßen, bemalten Figuren zu sehen ist. Heute ist in der Kapelle die Schatzkammer untergebracht.

Der Innenraum des Gotteshauses wurde im Juni 1998 bei einem schweren Brand beschädigt. Der Großteil wurde seitdem restauriert, wie auch der Gerichtshof „Parlement de Bretagne" in Rennes, der ebenfalls einem Brand zum Opfer fiel.

Die Kirche betritt man durch einen Renaissance-Vorraum (1625). Der Renaissance-Glockenturm (1599-1610) ragt erhaben empor. Der Glockenturm am W-Giebel ist der älteste Bauteil, er stammt aus 1563. Das Innere der Kirche enttäuscht ein wenig; man muss wissen, dass das Langhaus und der Chor Anfang des 18. Jh. umgestaltet wurden.

Die Mobiliarkunstwerke, typisch für die Zeit der Gegenreformation, sind dafür bemerkenswert. Auch die Kanzel verdient Aufmerksamkeit: sie stammt aus 1683 bzw. 1722.

Der auf wundersame Art erhalten gebliebene Rosenkranz-Altar (1697)

Oben
Grablegungsszene (um 1699) in der Friedhofskapelle von Saint-Thégonnec.

zeigt nebst anderen szenischen Darstellungen die Übergabe des Rosenkranzes an den Hl. Dominicus und die Hl. Katharina. Die Orgel, ganz hinten im Kirchenschiff, hat einigen Schaden genommen. Und das Retabel von Notre-Dame-de-Vray-secours wurde restauriert.

Unten

Triumphbogen der umfriedeten Pfarrkirche (1588-1590) von Sizun.

SIZUN

Das bestechendste Bauwerk ist hier wahrscheinlich das Triumphtor (1588-1590). Mit seinen drei Rundbogen-Arkaden ist es einzigartig. Die Plattform mit Balustrade und Laternen wird von korinthischen Säulen getragen. Über dem Ganzen thronen ein Altar und ein Calvaire.

Das ebenfalls sehr sorgfältig ausgeführte Beinhaus (1585-1588) besteht aus zwei Reihen. Im oberen Teil finden sich Apostel-Darstellungen, in Nischen verborgen und jeweils mit kannelierten Pfeilern getrennt. Der untere Teil trägt schöne Rundbogenfenster und Karyatiden, auf welchen Phantasiegestalten abgebildet sind.

Die an die 60 m hohe, achteckige Spitze (1723-1735) der Kirche Saint-Sulliau (16. bis 18. Jh.) erinnert an Kreizkêr de Saint-Pol. Der spätgotische Kirchenvorraum ist vom Anfang des 16. Jh.

Drei gotische Meisterwerke

LE FOLGOËT (Finistère)

2 km südl. von Lesneven steht die Basilika von Le Folgoët. Bei diesem, einem der schönsten religiösen Bauwerke der bretonischen Spätgotik, handelt es sich um einen bereits im 15. Jh. bekannten Wallfahrtsort.

Die Basilika entstand zwischen 1422 und 1460. Auffällig der N-Turm, der einzig fertig gestellte, der der Sankt-Peters-Kirche in Caen nachempfunden ist. Im Inneren ein bemerkenswerter Lettner aus Kersantit.

Der Narr aus dem Wald

Le Folgoët („Narr aus dem Wald") geht auf Salaün oder Salomon zurück, einen Menschen von einfachem Gemüt, den alle nach Herzenslust verspotteten. Er lebte allein in den Wäldern, schlief im Freien und ernährte sich durch Almosen. Nach seinem Tod (ca. 1358) wuchs auf seinem Grab eine Lilie... und als man die Erde freilegte, bemerkte man, dass die Blume in Salaüns Mund wurzelte. Das ist der legendäre Ursprung der Basilika in Le Folgoët. Zieht man bestimmte Fakten heran, erhält man eine andere Version: Nach der Schlacht von Auray (1364) wollte der im Süden der Bretagne schon hohes Ansehen genießende Herzog von Montfort auch im Norden Einfluss erlangen – und beschloss, diese Basilika errichten zu lassen. ■

Unten

Le Folgoët: Der Bau dieser herrlichen Basilika wurde in der zweiten Hälfte des 14. Jh. begonnen und im 15. Jh. abgeschlossen.

KERNASCLÉDEN (Morbihan)

Die Kirche Notre-Dame von Kernascléden ist ein wunderbares spätgotisches Monument, das zu den Meisterstücken bretonischen Kunstschaffens zählt. Das sehr charakteristische Bauwerk besitzt einen Giebelturm; auffällig auch die Ausführung der S-Fassade mit der großen Rose und den beiden Vorbauten. Schließlich die große, flache Chorapsis mit dem Hauptfenster.

Der Stein ist durchwegs sorgfältig bearbeitet, gezackt, mit Festonen besetzt. Ebenso reich die Verzierung in den Vor-hallen (in der einen stehen die Apostel-Statuen) oder auf den Balustraden und Strebepfeilern, die mit Nischen, Fialen und Wasserspeiern verziert sind. Im Inneren sitzt auf den Flamboyant-Bogen eines der eigentümlichsten Gewölbe der Bretagne auf, aber das wirklich Besondere an Kernascléden sind die Fresken, die man an den Gewölben des nördl. Kreuzflügels (musizierende Engel, Christi Himmelfahrt) und v.a. des Chors (Szenen aus dem Leben Christi und der Mutter Gottes) bewundern kann.

Diese Fresken, die man leider nicht aus nächster Nähe sehen kann, sind ein herausragendes Beispiel für die französische Kunst des 15. Jh. Jene im südl. Kreuzflügel sind weniger schön, aber überraschender. Hier handelt es sich um die Darstellung eines makaberen Totentanzes und der Hölle.

Oben links
Aufgrund herrlicher Fresken an den Gewölben der nördlichen und südlichen Kreuzflügel und des Chors zählt die Kirche von Kernascléden zu den beeindruckendsten Bauwerken der Bretagne.

Oben rechts
Ein gotisches Prachtexemplar der Bretagne: die Kathedrale Saint-Tugdual in Tréguier (14. und 15. Jh.). „An keinem Ort wurde klobiger Granit von frommen Baumeistern besser zur Geltung gebracht als in Tréguier", schreibt Maurice Le Lannou (ob sie wirklich so fromm waren, sei dahin gestellt).

TRÉGUIER (Côtes-d'Armor)

Die Kathedrale Saint-Tugdual stammt aus dem 14. und 15. Jh. Sie besitzt die Form eines lateinischen Kreuzes und ist 75 m lang bzw. 17,45 m breit. Die Höhe bis unters Gewölbe beträgt 18 m, und der Glockenturm (dessen zierlich durchbrochene Spitze aus dem 18. Jh. stammt) reicht bis 63 m empor. Eines der schönsten gotischen Bauwerke der Bretagne.

Im südl. Kreuzflügel ist eine holzgeschnitzte Gruppe zu sehen, die den Hl. Yves zwischen dem Armen und dem Reichen darstellt. Im Chor sind 46 Rennaissance-Chorstühle (1509) zu bewundern. Und vor allem sollte man das Kirchenschiff gesehen haben, das von seltener Vollkommenheit ist, und nicht zuletzt auch die in ergreifender Anmut empor strebenden Säulchen in der Vierung.

Der hochgotische Kreuzgang (1450-1479) vermittelt den stimmungsvollen Eindruck eines steinernen Spitzenwerkes. Die Laufgänge sind von 46 Arkaden durchgliedert, die jeweils von einer mit einem Vierpass gekrönten Mittelsäule in zwei Dreipässe unterteilt wird. Im Kreuzgang befinden sich viele Grabstätten (darunter eine liegende Figur aus dem 13. Jh.) und Skulpturen.

Die Klosterbauten

Die Bretagne erhielt den Beinamen „Land der Priester“, was nicht weiter wundert, denn ihre Geschichte wurde 1.500 Jahren hindurch von der Kirche beeinflusst. Kaum eine andere Region Europas besitzt derart viele Kalvarienberge und Kapellen. Noch heute halten einige Mönche hier und da die alte Klostertradition aufrecht.

Linke Seite
Mönch in La Meilleraye südlich von Châteaubriant.

Unten
Die in der ersten Hälfte des 12. Jh. gegründete Abtei von Boquen blickt auf eine bewegte Vergangenheit zurück.

BOQUEN (Côtes-d'Armor)

Die Gründung der Abtei, die in Plénée-Jugon liegt, geht auf 1137 zurück. Bei der Französischen Revolution wurden Gemäuer abgetragen.

1936 konnte das Kloster durch die Ankunft von Dom Alexis Presse (1883-1965) und seiner Gefolgsleute wieder erstarken. Heute besitzt das Gotteshaus aus dem 12. Jh. wieder sein ursprüng-liches Aussehen. Vom Klostergang sind schöne Kapitelle erhalten, die charakteristisch für die bretonische Romanik sind. In die Fassade des Kapitelsaales sind Spitzbogenfenster eingelassen (13. Jh.).

KERGONAN (Morbihan)

Die Abtei der Hl. Anna (Benediktiner-Mönche) sowie des Hl. Michael (Benediktiner-Schwestern) entstanden zwischen 1897 und 1898 in Plouharnel. Hierhin zog es die Freunde des gregorianischen Chorals

LANDÉVENNEC (Finistère)

Die Halbinsel von Landévennec zieht den Besucher durch mildes Klima und die schöne Landschaft in ihren Bann: Wiesen und Wälder (Buchen, Kiefern, Kastanien und sogar Palmen) umgeben sie und die Aulne umspült sie in sanfter Umklammerung, bevor sie in die Reede von Brest mündet.

Der erste Klosterbau wurde 913 von den Normannen zerstört. Nach dem Wiederaufbau entstand hier eines der spirituellen und geistigen Zentren der Bretagne. Über Jahrhunderte genoss der Ort eine erstaunliche Ausstrahlung. Die Revolution setzte dem ein Ende. Unter dem Einfluss des Abtes Perrot rückt die Abtei ab 1935 wieder in den Mittelpunkt des Interesses. 1950 erwerben die Benediktiner-Mönche in Kerbénéat Landévennec und beschließen, das Kloster neu aufbauen zu lassen.

Von der alten Abtei sind (vor Ort bzw. im Museum) nur noch einige prä-romanische Überreste zu sehen, der Großteil stammt aus dem 11. Jh.

Rechts oben
Landévennec zählt sicherlich zu den ältesten Abteien der Bretagne. Vom ursprünglichen Bauwerk ist wenig erhalten geblieben und die heutigen Klostergebäude dieses herrlichen Ortes sind dem Wiederaufbau im 20. Jh. zu verdanken.

Rechts unten
Benediktinerinnen des Klosters Saint-Michel in Kergonan.

Unten
Das Benediktinerkloster Sainte-Anne in Kergonan hält den gregorianischen Gesang in Ehren.

Land der Mönche

In der Bretagne zählt man heute weniger als zehn aktive Klöster, doch das war nicht immer so, wie zahlreiche, mehr oder weniger gut erhaltene Überreste im ganzen Land bezeugen. Im Finistère z.B. Saint-Mathieu und Saint-Maurice-de-Carnoët, in den Côtes-d'Armor jene in Beauport, Bon-Repos (wird gerade renoviert) und Léhon; Saint-Gildas-du-Rhuys im Morbihan und Saint-Sulpice-la-Forêt im Département Ille-et-Vilaine oder Buzay im Loire-Atlantique. Manche von diesen Klöstern, von denen mitunter nur mehr ein paar Steinruinen erhalten sind, spielten in der Religions- und Ideengeschichte eine bedeutende Rolle. Das belegt auch folgende Einzelheit: Die Abtei von Léhon (bei Dinan) ist Schauplatz des bekannten und immer wieder neu editierten französischen Romans *Le Trésor de l'abbaye* (1876) von Raoul de Navery. Hinter diesem männlichen Vornamen verbirgt sich in Wahrheit eine Autorin, die 1829 in Ploërmel geboren wurde.

Die Buchdruckerkunst in der Bretagne

Der Buchdruck hielt 1484 in der Bretagne Einzug, als Jean de Rohan zwei Druckermeister auf sein Anwesen in Bréhan (Morbihan) in der Nähe der heutigen Abtei von Timadeuc kommen ließ. Ungefähr zur selben Zeit folgen weitere Unternehmungen in der Abtei von Lanténac – unweit von Bréhan –, in Tréguier, Rennes oder Nantes. Es gibt an die 20 Inkunabeln in der Bretagne. Die bekannteste, Catholicon (ein Werk von Jehan Legadeuc), wurde 1499 in Tréguier gedruckt. Erwähnt sei auch, dass einer der ersten Drucker in Brügge, dem Zentrum dieser Kunst, Jean Brulelou alias Jean Brito war, geboren in Pipriac (Ille-et-Vilaine) um 1418, gestorben 1484. ■

LANGONNET (Morbihan)

Die Abtei von Langonnet erhebt sich über dem Gipfel eines bewaldeten Tals. Das 1136 gegründete Zisterzienser-Kloster wird heute von den Patres vom Hl. Geist bewohnt. Die Gebäude, die im 17. und 18. Jh. wieder erstanden sind, beherbergen ein kleines Kolonial-Museum. Von der alten Abtei ist ein bemerkenswerter Kapitelsaal aus dem 13. Jh. (mit Spitzbogengewölbe) erhalten.

LA MEILLERAYE-DE-BRETAGNE (Loire-Atlantique)

Die Abtei von Meilleraye (oder Melleray) wurde in der Mitte des 12. Jh. von Zisterzienser-Mönchen gegründet. Die meisten der heutigen Bauten stammen aus dem 18. und 19. Jh. Die Abteikirche, die nur Sonntags während der Gottesdienste zu besichtigen ist, zeichnet sich durch nüchternen und klassizistischen Baustil und einen Glockenturm aus dem 14. Jh. aus.

TIMADEUC (Morbihan)

Das Zisterzienser-Kloster Notre-Dame de Timadeuc in der Gemeinde Bréhan, nahe bei Rohan, wurde 1841 begründet. Die Kirche stammt aus 1898, aber ein großer Teil der Bauten ist jüngeren Datums.

Erwähnt sei auch, dass Zisterzienser-Schwestern sich 1953 in Campénéac niedergelassen haben.

Unten links
Refektorium der Zisterzienserabtei von Timadeuc.

Unten Mitte
Kapitelsaal (13. Jh.) der Abtei von Langonnet.

Unten rechts
Bibliothek der Abtei von Timadeuc.

Schlösser und Burgen

Bretonische Kunst, das ist nicht allein sakrale Kunst, wenngleich uns diese in der Bretagne mit mehr Glanz als anderen Ortes entgegentritt. Wer über die armorikanische Halbinsel streift, kommt auch an den zahlreichen, beeindruckenden Schlössern und Burgen nicht vorbei. Die meisten stammen aus dem Mittelalter und der Renaissance-Zeit.

Links
Das Schloss von Josselin am Fluss Oust.

Unten
Schloss von Hunaudaye.

Im Mittelalter entstand eine Reihe von Burgen und befestigten Anlagen – im Osten (Vitré, Grand-Fougeray), im Landesinneren (Elven-Largoët, Tonquédec, Josselin) und auch an der Küste (Saint-Malo, Fort-la-Latte, Hennebont, Concarneau, Pornic). Am Ende des 15. Jh. wurden durch die Weiterentwicklung der Artillerie wieder neue Befestigungsanlagen erforderlich (Guingamp, Nantes, Dinan), während bei der Innenausstattung der Louis-XII-Stil vorherrschend war (Nantes, Josselin). Prächtige Herrenhäuser, mit nüchternen Zügen und geschmückt mit einem Fassadentürmchen, liegen über das ganze Land verstreut.

Elven: Eine Burg macht „Geschichte"
Die junge weibliche Leserschaft fiel der Ohnmacht anheim, als der Normanne Octave Feuillet (1821-1890) in seinem „Roman von einem jungen, armen Mann" (1858) den Helden Maxime von den Türmen der Burg Elven springen lässt. Derart wollte er den Ruf eines jungen Mädchens wahren, die mit ihm Burgfried eingesperrt war. Die Sitten haben sich geändert, Feuillets Roman ist in die Jahre gekommen, aber der Burgfried steht noch da. Ein paar Jahre zuvor hatte bereits Auguste de Kératry (1769-1859), ein Renneser, das romantische Elven als Schauplatz für seinen Roman „Der letzte Beaumanoir" (1824) gewählt. ■

Links
Rundturm des Schlosses von Elven-Largoët, der zugleich als Festung und Residenz diente. Auf die einzelnen Etagen verteilen sich große Säle, kleine Gemächer und eine Kapelle.

Ende des 16. und im 17. Jh. werden groß angelegte Schlossbauten wieder häufiger. Geräumige, quadratische Pavillons mit Schindeldächern lassen eine Silhouette mit vertikalen Linien entstehen, die beim Betrachter das Bild einer strengen, schmucklosen Granitmauer hinterlässt (Kerjean, La Touche-Trébry, Coscro).

LA BOURBANSAIS (Ille-et-Vilaine)

Zum Schloss La Bourbansais (bei Pleugueneuc) gelangt man durch eine Buchenallee. Die von französischen Gärten umgebene Anlage setzt sich aus zwei Wohntrakten zusammen, die im rechten Winkel aufeinander treffen. Verschiedene Stilepochen sind vermischt (Ende 16. bis ins 18. Jh.). Man kann den Schlosspark besichtigen, wo auch ein Tiergarten untergebracht ist.

BRANFÉRÉ (Morbihan)

Dieses Schloss aus dem 17. Jh. (fast zur Gänze restauriert) ist vor allem wegen seines riesigen Tiergartens bekannt. Schon im 18. Jh. befand sich hier eine botanische Einrichtung. An die 200 Tierarten sind zu sehen, darunter zahlreiche Pampahasen, Kängurus, Lemuren, Ibisse und Störche, die sich bestens an das hiesige Klima gewöhnt haben.

Oben
Der Schriftsteller Chateaubriand (1768-1848) ist auf ewig mit der Geschichte des Schlosses von Combourg verknüpft. Das überwiegend aus dem 14. und 15. Jh. stammende Bauwerk wurde im 19. Jh. vollständig restauriert. „Die Wälder von Combourg machten mich zu dem, was ich bin", schrieb Chateaubriand, der nicht nur Schriftsteller sondern auch Politiker, Diplomat und Außenminister war.

COMBOURG (Ille-et-Vilaine)

Dutzende Schriftsteller, von Gustave Flaubert bis Albert Camus, kamen hierher. Sie alle bewunderten ergriffen die mittelalterlichen Mauern dieses Schlosses, das den davor liegenden Teich beherrscht – hatte doch François-René de Chateaubriand hier einen Teil seiner Jugend zugebracht.

Das Schloss wurde im 11. Jh. von einem Bischof in Dol errichtet; der „More"-Turm dürfte teilweise aus dieser Zeit stammen. Fassade und „Croisé"-Turm sind aus dem 15. Jh., die übrigen Türme aus dem 14. Jh. Die ganze Anlage wurde jedoch, v.a. im Inneren, am Ende des 19. Jh. restauriert.

ELVEN-LARGOËT (Morbihan)

Die Türme von Elven sind Überreste der früheren Burg von Largoët, die Ende des 15. Jh. gebaut, oder besser gesagt: wieder aufgebaut wurde. Zwischen den beiden Türmen mit dem be-festigten Tor (15. Jh.) erstrecken sich die Kurtinen, die sich allmählich im Blattwerk verbergen. Das Innere des runden Turms (15. Jh.) wurde restauriert. Aus dem gewaltigen, 6-stöckigen Wartturm (Ende 14. Jh.) sind die Fußböden entfernt worden. Der Bau ist 44 m hoch, wodurch dieser Turm zu den höchsten in ganz Frankreich gehört. Von der Kapelle aus dem 15. Jh. steht nur noch eine Ruine.

Oben
Das Fort-la-Latte (13. und 14. Jh.), eine der schönsten Festungsanlagen an der bretonischen Nordküste, inspirierte zahlreiche Romanautoren und Filmemacher.

FORT-LA-LATTE (Côtes-d'Armor)

60 m östl. der Landspitze Cap Fréhel überragt diese Festung den Ärmelkanal: Sie liegt auf einer kleinen vorgelagerten Felsinsel, durch zwei Schluchten vom Festland getrennt – ganz augenscheinlich schwer einzunehmen. Obwohl Ende des 17. Jh. unter der Leitung von Siméon Garangeau Arbeiten durchgeführt wurden, um den Bau an die Erfordernisse der Kriegfüh-rung anzupassen (Artillerie), ist er den-noch bis heute in weitgehend ursprünglichem Zustand (13. und 14. Jh.) zu sehen. Die Familie Joüen des Longrais, seit 1931 Eigentümer, ließ es restaurieren.

GOULAINE (Loire-Atlantique)

Man durchquert weite Sumpflandschaften, bis man zum Schloss Goulaine gelangt, einem richtigen Loire-Schloss, verloren im Pays Nantais. Es wurde in der 2. Hälfte des 15. Jh. von der Familie Goulaine errichtet, der es auch heute noch gehört.

Dem Besucher steht die Besichtigung des rechteckigen Turms am Zugang sowie des Hauptgebäudes mit seinen kunstvoll ausgeführten Dachfenstern offen, die zu beiden Seiten zwei wundervolle Treppentürme (15. Jh.) schmücken. Im Schlossgarten ist ein Gewächshaus mit tropischen Schmetterlingen zu sehen.

LA HUNAUDAYE (Côtes-d'Armor)

Diese Burg (größten Teils Ende 14., Anfang 15. Jh.), bei Plédéliac gelegen und von großer strategischer Bedeutung, war einst die mächtigste und am schwersten einzunehmende im Penthièvre. Die stark verfallene Burg wird derzeit restauriert. Der vieleckige Festungsring mit seinen Türmen, Mauern und Kaminstümpfen hat nichts von seiner früheren Erhabenheit eingebüßt.

JOSSELIN (Morbihan)

Das Schloss Josselin wurde Ende des 12. Jh. errichtet, im 14. Jh. ausgebaut, im 17. aufgelassen und im 19. Jh. schließlich restauriert. Trotz dieser Verunstaltungen ist heute ein imposantes und doch voller Finesse steckendes Bauwerk zu sehen. Die den Fluss überragende Außenfassade besitzt drei befestigte Rundtürme, deren Fundament in den Felsen gehauen ist. Das reiche Zierwerk verleiht der auf den Ehrenhof gerichteten Hauptfassade höchste Eleganz. Es ist ein einziges steinernes Spitzenwerk, geradezu ausufernd die Ornamentik mit den spätgotischen Säulchen und Fialen, wie sie überall

die Balustraden und die Umrisse der Dachfenster zieren – in der Bretagne zweifellos eines der gelungensten Bauwerke im Louis-XII-Stil. Im sehenswerten Inneren ist auch ein Puppenmuseum untergebracht.

KERJEAN (Finistère)

Das Schloss von Kerjean bei Saint-Vougay ist ein klassischer Renaissance-Bau (entstanden ca. 1540-1595), halb Burgfestung, halb Herrensitz. Die Straße nach Saint-Vougay verwandelt sich in eine majestätische Buchenallee, die besonders sehenswert ist, wenn das Astwerk vom Schein der untergehenden Sonne durchdrungen ist.

Am Ende der Allee erblickt man dann die Befestigungsanlagen: 12 m dicke Mauern, an den vier Ecken durch Kasematten verstärkt und von einer Kurtine durchzogen.

Der Besucher kann durch den Schlosspark schlendern (Rennaissance-Brunnen), um den Bau herumlaufen, oder auch die in ein Museum umgewandelten Appartements besichtigen (Kunst und Mobiliar aus der Bretagne, 16. und 17. Jh.).

Unten
Trotz seines wenig homogenen Gesamteindrucks zählt das Schloss von Kerjean (1540-1595) zu den ehrgeizigsten Bauwerken des Landstrichs Léon. Auffallend ist die Überlagerung verschiedener Bauperioden.

OUDON (Loire-Atlantique)

Im sanierten Bergfried von Oudon (14. h.) am Loire-Ufer wird eine Themen-Erlebnisbesichtigung (Leben eines Loire-Fischers, Turner-Gemälde) in Stockwerksetappen angeboten. Oben angekommen erlebt der Besucher ein tolles Panorama und eine virtuelle Ballonfahrt.

Links
Für den Bau des Bergfrieds von Oudon (Ende 14. Jh.) verwendeten die Baumeister verschiedenfarbige Baustoffe, vor allem Schiefer und Tuffstein.

Unten
Das Schloss La Roche-Jagu (Anfang 15. Jh.) ist laut André Mussat kein Schloss im eigentlichen Sinne, sondern vielmehr ein *Domus fortis* (befestigtes Haus), das zwischen „wohnlichem Reiz und Verteidigung“ zu schwanken scheint.

PORNIC (Loire-Atlantique)

Dem Fachmann Michael Jones zufolge, ist das Schloss von Pornic „eines der seltenen mittelalterlichen Schlossbauten, die unmittelbar an der Küste liegen". Es stammt aus dem 13. und 14. Jh., wurde allerdings in den Vendée-Kriegen zerstört und musste im 19. Jh. wieder in Stand gesetzt werden.

Unten

Schloss Les Rochers in der Nähe von Vitré. Über 260 Briefe schrieb Marie de Rabutin-Chantal (1626-1696), alias Madame de Sévigné und Witwe des Bretonen Henri de Sévigné, während ihrer zahlreichen Aufenthalte im Schloss. Sie zählt zu den wenigen berühmten Schriftstellern, die kein einziges Buch veröffentlichten.

LA ROCHE-JAGU (Côtes-d'Armor)

Über eine Baumallee gelangt man zur Burg bei Ploëzal, Anfang des 15. Jh. auf dem Gipfel eines bewaldeten Hügels, über dem linken Ufer des Trieux, errichtet. Die drei Türme dieser Granit-Festung bilden mit dem Gemäuer eine Einheit. Bemerkenswert die fein gearbeiteten Kamine über den Giebeln und der überdeckte Wehrgang im zweiten Geschoss, ein Aussichtsposten mit Blick über das Trieux-Tal. Heute finden in der Burg kulturelle Veranstaltungen statt. Es steht in Besitz des Départements Côtes-d'Armor, unlängst wurde es renoviert.

LES ROCHERS (Ille-et-Vilaine)

Dieses im 14. Jh. errichtete und im 17. Jh. umgestaltete Schloss sieht noch so aus wie zu der Zeit, als die Marquise de Sévigné (1626-1696) es bewohnte. Beim Betreten des Ehrenhofes stösst man auf die Wirtschaftsgebäude (18. Jh.). Linkerhand der Wohntrakt mit seinem silbrig schimmernden Schieferdach.

Das Schloss steht in Privatbesitz, aber Literaturliebhaber können die Kapelle und das grüne Kabinett, das heißt die Kammer der Marquise besichtigen. Die einzelnen Abschnitte des französischen Gartens, für dessen Gestaltung André Le Nôtre zeichnet, tragen noch heute die von ihr vergebenen Namen.

ROSANBO (Côtes-d'Armor)

Das heutige Schloss (14.-19. Jh.) bei Lanvellec liegt, von französischen Gärten umringt, auf einem Felsmassiv an jener Stelle, wo früher eine Burgfestung stand, und überragt das Tal des Bo. Es wurde mehrfach umgestaltet und weist verschieden Stile auf, weite Teile des Baus stammen aber vom Anfang des 16. bzw. Ende des 17. Jh.; der O-Flügel ist neugotisch (Ende 19. Jh.).

In den Sälen im Erdgeschoss ist italienisches und bretonisches Renaissance-Mobiliar zu sehen. Im modernen Teil ist die Bibliothek von Claude Le Peletier, der 1683 Colbert nachfolgt, erhalten geblieben.

Unten
Die restaurierte Burg Suscinio an der Küste bei Sarzeau.

SUSCINIO (Morbihan)

Die beeindruckende Burg (13.-16. Jh.) auf dem Gemeindegebiet von Sarzeau, nur einen Steinwurf vom Atlantik, war eine der Residenzen des bretonischen Fürstenhauses.

Die Wehrmauern, einst mit 8 Türmen versehen (7 sind noch erhalten), schließen einen weitläufigen Innenhof ein. Im Laufe der Zeit wurden an der Burg bauliche Veränderungen vorgenommen. Die Fassade am

Zugang (O-Seite) stammt aus dem 14. Jh.; die NO-Fassade (der älteste Teil) aus dem 13. Jh. Der Neue Turm (NW) ist aus dem 15. Jh. 1965 erwarb das Département Morbihan den Bau. Bei den seit 1975 angestrengten Restaurierungsarbeiten wurden herrliche mittelalterliche Bodenpflasterungen aus dem späten 13. und frühen 14. Jh. zutage befördert.

TONQUÉDEC (Côtes-d'Armor)

Bei seiner Fertigstellung Anfang des 15. Jh. dürfte das Schloss von Tonquédec, auf einem felsigen Vorsprung hoch über dem Léguer-Tal gelegen, ein stolzes Bauwerk gewesen sein. Heute sind in ihrer bewaldeten Umgebung majestätische und romantische Ruinen zu sehen. Es handelt sich zweifelsfrei um eine der ergreifendsten Feudalruinen der Bretagne, die Aussicht von den hohen Türmen ist beeindruckend.

Unten

Das an Ort und Stelle einer alten, niedergerissenen Festung erbaute Schloss Tonquédec (Anfang 15. Jh.) wurde 1625 auf Anweisung Richelieus größtenteils zerstört.

Das 19. Jahrhundert

Bereits im 18. Jahrhundert büßt das bretoni-sche Kunstschaffen an Ursprünglichkeit ein. Ar-chitekten und Bauingenieure des Königs meinen, allein in Paris würde man das richtige Kunst-verständnis besitzen und errichten in der Bretagne Bauwerke im Stile von Versailles oder Paris.

Links
Kitschige Rekonstruktion aus dem Jahre 1998 eines Turms, der seinerseits dem auf der Weltausstellung von 1900 gezeigten LU-Pavillon nachempfunden war.

Unten
Bahnhof von Vitré in neugotischem Stil (1857).

Doch bald schon werden im Zuge der wirtschaftlichen Erfordernisse und der Gestaltung des städtischen Lebensraumes zahlreiche Arbeiten durchgeführt (Nord-Süd-Achse in Nantes, Bau der Quais in Rennes). Eisenbahnverbindungen werden gebaut (1851 Paris-Nantes, 1857 Paris-Rennes), sie verändern die Landschaft nachhaltig. Zu dieser Zeit entstehen auch die großen Viadukte (1845 Dinan, 1865 Morlaix). Die Bahnhofsgebäude sind oft in überraschendem Stil ausgeführt (neugotisches Schlösschen in Vitré, 1855).

Regnault, der große Unbekannte

Den Namen Arthur Regnault kennen heute nur Fachleute. Dabei verbirgt sich dahinter einer der aktivsten Architekten des 19. Jh. Geboren in Bain-de-Bretagne (Ille-et-Vilaine) als Sohn eines Arztes, studierte er in Rennes und Paris. Ihm verdanken wir z.B. den neobretonischen Stil der Türme der Kapelle Notre-Dame (La Guerche) und der Kirche in Les Iffs, den romanisch-byzantinischen Stil (Anregungen aus seiner Italienreise) an der Kirche von Corps-Nuds und den Kirchen von Châteaubourg (Ille-et-Vilaine), Taulé und Henvic (Finistère). ■

Oben

1798 begannen die Brüder François und Pierre Cacault aus Nantes und später der Kunstmaler Frédéric Lemot und der Architekt Mathurin Crucy mit dem Wiederaufbau der in den Vendée-Kriegen stark beschädigten Stadt Clisson und machten aus ihr eine für Westfrankreich untypische Stadt im Stil des italienischen Neoklassizismus.

Von wenigen Ausnahmen abgesehen, erscheint die Baukunst vergangenheitsorientiert.

Man spricht von neugotisch, neoklassizistisch, Neo-Flamboyant oder neubretonisch. Besonders die Neugotik zeigt sich eindrucksvoll am Ende des 18. und Anfang des 19. Jh. in den neu errichteten Stadtteilen von Nantes (Graslin-Theater, bereits 1788; Kirche Saint-Nicolas, 1844; Domchor, begonnen 1840). Mit dem Bau des Palais du Commerce in Rennes wird 1886 begonnen. Das Theater stammt aus 1846.

Die erste Saint-Vincent-Schule in Rennes (heute Lycée Jean-Macé, 1844) ist der italienischen Ästhetik nachempfunden. Die große Basilika in Sainte-Anne-d'Auray (1873) ist im Neo-Renaissance-Stil.

Unter den herausragenden Architekten jener Zeit sind Jean-Baptiste Martenot, Joseph Bigot, Le Guerranic oder auch der Stiftsherr Daniel (Neugotische Kirche in Mûr-de-Bretagne) zu nennen und nicht zuletzt Arthur Regnault (siehe Kasten).

Zwei Aufsehen erregende Unternehmungen

Unten
Der friedliche Ort Pontivy im bretonischen Hinterland, einst Napoléonville, wurde im 19. Jh. nach einem groß angelegten Architekturplan grundlegend restauriert.

CLISSON (Loire-Atlantique)

Die in den Vendée-Kriegen zerstörte Stadt, wo der Moine in den Sèvre mündet, wurde von den Cacault-Gebrüdern im toskanischen Neoklassizismus wiedererrichtet und heißt wegen seines Vesta-Tempels (1822), seiner Flachdachhäuser und seiner Pinien auch „französisches Tivoli". Sehenswert sind neben dem Schloss (13. bis 15. Jh.) und den Markhallen (15. Jh.) auch das Anwesen Garenne-Lemot am Fuße der Talbrücke (1841). In der eindrucksvollen Villa Lemot (1861) sind moderne Kunstausstellungen zu sehen. Seit 2006 wird in Clisson das Hellfest Open Air-Festivals ausgetragen.

PONTIVY (Morbihan)

Kraft eines Konsulen-Dekretes von 1802 macht man sich daran, die Unterpräfektur des Morbihan zu erneuern, die Stadt heißt alsbald Napoléonville. Diesen Namen sollte sie bis 1814 tragen... und dann wieder ab 1815, im Interregnum der „Cent Jours" und unter dem Zweiten Kaiserreich (1852-1870). Nach Napoléon Bonapartes Willen sollte aus der Stadt ein verwaltungstechnischer und militärischer Stützpunkt werden, mittels dessen die neuen Machthaber ihren Einfluss im Landesinneren der Bretagne, die sich damals der Zentralgewalt widersetzte, sicherstellen wollten. An der Schnittstelle des – damals geplanten – Nantes-Brest-Kanales und des bis nach Lorient schiffbar gemachten Blavet sollte Napoléonville auch Verkehrsknotenpunkt werden.

Pontivy besitzt zwei Stadtteile von unterschiedlicher Prägung: Im N der mittelalterliche Kern, im S die kaiserliche Stadt. In deren Mitte liegt der weite Paradeplatz mit Namen La Plaine. Im N bzw. S grenzen der Justizpalast und die Unterpräfektur an, die einander gegenüber stehen. Im W, zum Blavet hin, bildet die Clisson-Kaserne einen monumentalen Abschluss.

Das Lycée Joseph-Loth entstand 1806, die heutigen Gebäude stammen größtenteils aus 1885. Öffentliche, zivile und militärische Gebäude bilden hier die Bausteine eines einheitlichen architektonischen Vorhabens, das sich dem neuen Raum anpasst und Ausdruck einer mächtigen Zentralgewalt sein soll. Der Komplex stellt ein seltenes Beispiel für Städteplanung aus dem beginnenden 19. Jh. dar. Bemerkenswert auch die Josefskirche (1869), ein schönes neugotisches Bauwerk.

Die zeitgenössische Epoche

Die Traditionen des 19. Jh. dauerten bis in die 20er-Jahre des 20. Jh. fort. Nach 1945 galt es, die Trümmer des Krieges zu beseitigen und sterilen Wohnraum zu schaffen. Mit der Jahrtausendwende entsteht eine neue Architektur, die den Städten nach und nach ein anderes Gesicht verleiht.

Links
Seit 2002 verfügt Rennes über eine U-Bahn, mit der man in nur 15 Minuten vom Süden (Poterie) in den Norden (Villejean-Malifeu) der Stadt gelangt.

Unten
Kultur- und Wissenschaftszentrum Champs Libres in Rennes.

Von wenigen Ausnahmen abgesehen, ist die Zeit der großen Bauvorhaben (Schlösser, Kathedralen) zu Ende. Herrschaftliche Bauwerke gibt es nur noch vereinzelt, es handelt sich eher um Stadtpalais und Opernhäuser. Auf manchen Fassaden findet sich noch eine Reminiszenz an das Rokoko (Gebäude des Ouest-Eclair, Rue du Pré-Botté, Rennes, 1916), und an den Mauern der Palais bleibt manieristische Dekorkunst gegenwärtig. Einige italienisch angehauchte (die neue Saint-Vincent-Schule in Rennes, 1912) oder pseudo-orientalische Bauwerke (das Maison Aus-

sant, Boulevard Sévigné in Rennes, 1910) mögen Sonderfälle darstellen. Und dennoch geht es auch hierbei darum, Vorbilder nachzuahmen.

Während gleichzeitig eine neugotische Strömung einsetzt, kommt auch die lokale Tradition zu neuen Ehren, in Form eines originellen neubretonischen Stils, der sich aus den Wurzeln des 15.-17. Jh. nährt. Bis heute sind Baumeister auf der Suche nach regional unverwechselbaren Elementen für die zeitgenössische Architektur, und lassen sich vom Spiel der geometrischen Formen der weiten Schieferdächer anregen. Bedauerlicherweise geht diese neubretonische Strömung in den meisten Fällen nicht über karikaturhafte, lächerliche Einfamilienhaus-„Kunst“ hinaus.

Im zweiten Weltkrieg sind ganze Städte vernichtet worden (Lorient, Brest, Saint-Nazaire, Saint-Malo). Sie wurden mit mehr oder weniger glücklicher Hand wieder aufgebaut. Heute wachsen Ballungsräume und Industriezentren ständig an, immer größer wird der Wunsch nach dem Zweithaus, der Ausbau von landwirtschaftlichen Anlagen ist bei den heutigen Produktionsanforderungen notwendig geworden – das alles mag der Wirtschaft zugute gekommen sein, keinesfalls jedoch der Kunst und Ästhetik in der Region. In den Randgebieten der Großstädte wachsen schnell verwaschene Betontürme in die Höhe. In den Vorstädten reiht sich ein weiß verputztes Einfamilienhaus an das andere. Und einmalige Landschaften werden von aufdringlichen Baukomplexen direkt am Meer verunstaltet.

Man muss allerdings zugeben, dass in den letzten Jahrzehnten in zahlreichen Stadtkernen umfassende Verschönerungsarbeiten durchgeführt wurden (Brest, Nantes, Rennes...). Mancherorts konnte sogar zeitgenössische Kunst gedeihen (z.B. „Degré“ von Nissim Merkado, 1987, „Alignements“ von Aurélie Nemours, 2006, in Rennes). Manche Bauten verbinden Originalität und Funktionalität:

das „Palais des Arts et des Congrès" (1971) und das Gebäude des „Crédit agricole" (1976) in Vannes; das Gebäude der „Assurances générales de France" (1981), der Justizpalast (1982) und das Kultur- und Wissenschaftszentrum „Champs-Libres" (2006) in Rennes. An der Küste wie auch im Landesinneren sind jedoch unvergleichlich schöne Orte durch Betonmauern und Häuser im Einheitsstil verschandelt. Tausende von Werbewänden in den Zentren der Wohnorte und im Einzugsgebiet der Städte nehmen der Landschaft ein weiteres Stück ihrer Schönheit. Viel ist zu tun, wenn die Bretagne ihre Schönheit und Identität retten will.

Das Kultur- und Wissenschaftszentrum „Champs-Libres" in Rennes

Mit der Eröffnung im Jahre 2006 des Champs-Libres ging ein 15 Jahre andauerndes Abenteuer zu Ende. Auf Initiative des Bürgermeisters Edmond Hervé entstand ein groß angelegtes Kultur- und Wissenschaftszentrum, in dem eine Bibliothek (mit 500.000 Werken), ein Wissenschaftsbereich (nebst Planetarium) und das Museum der Bretagne untergebracht sind. Freunde der Literatur und Musik, Wissenschaftsfreaks, Liebhaber von Ausstellungen und Wissbegierige jeden Alters finden in diesem modernen Komplex ihr Glück. Das Bauwerk ist dem Architekten und Professor am Collège de France, Christian de Portzamparc, (Studium in Rennes, Gymnasium Saint-Vincent) und die Museographie seiner Frau Elizabeth zu verdanken. ■

Links unten

Brest wurde im Zweiten Weltkrieg fast vollständig zerstört. Nur die breite, umgebaute rue de Siam ist bis heute Hauptachse der Stadt geblieben.

Unten

Universitätscampus der Geistes- und Literaturwissenschaften in Nantes. Die 1460 gegründete Universität von Nantes wurde im 18. Jh. geschlossen und erst 1962 wieder geöffnet.

Armor, das Land am Meer

Die Küstengebiete der Bretagne – manchmal zusammen-gefasst unter dem Namen Armor – sind felsig und zerklüftet, von charakteristischen, tief eingeschnittenen Buchten gesäumt.

Links
Landzunge Pointe du Raz.

Unten
Hafen von Sauzon auf der Insel Belle-Île-en-Mer.

Dort, wo das Meer weit ins Land vordringt, liegen die meisten Städte (z.B. Dinan an der Rance, Lannion am Léguer, Morlaix am Dossen, Quimper am Odet, Hennebont am Blavet). Das Meer rückt bei Flut in die Flustäler vor, wobei die sogenannten „Rias" oder „Abers" entstehen.

Allerdings gibt es einen beträchtlichen Unterschied zwischen der Nordküste, die von hohen Kliffs (Cap Fréhel) und markanten Buchten

durchzogen ist, und der Südküste. Diese ist nicht so steil und zerklüftet; die Rias öffnen sich weit zum Meer, und die Buchten werden von Inseln gesäumt (Glénan, Groix, Belle-Ile). Die beiden Küstenabschnitte treffen dort zusammen, wo die Landspitze von St. Mathieu, die Halbinsel Crozon und das Cap Sizun weit ins Meer hinausragen; von diesen drei Punkten, die durch die Reede von Brest und die Bucht von Douarnenez getrennt werden, genießt man eine herrliche Aussicht auf die vorgelagerten Inseln (Ouessant, Sein).

Die Allgegenwart des Meers verleiht der Bretagne ihr ozeanisches Klima. Die Winter sind mild und feucht. Im Sommer ist es mäßig warm, jedoch steigen die Temperaturen, je mehr man sich der Loire nähert. Die Luft ist belebend und voller Jod. Unter diesen Klimaverhältnissen gedeiht eine reiche Strauchvegetation auf den Böschungen, die Felder und Hohlwege der „Bocage" säumen.

Das Leben im Armor ist vom Meer bestimmt. Der Großteil der Bevölkerung lebt auf einem 20 km breiten Küstenstreifen. Das Klima begünstigt den Anbau von Frühgemüse, die Landwirtschaft entwickelt sich rege.

Der Fremdenverkehr ist Einnahmequelle in vielen Badeorten, die Bretagne ist mittlerweile die zweitgrößte Tourismusregion Frankreichs. An der hiesigen Küste leben 2/3 aller französischen Fischer, vom kleinen Hafenbecken mit bunten Booten bis zu den Häfen mit industrieller Fischerei, z.B. Lorient oder Concarneau. In Meeresnähe sind auch die meisten Industriebetriebe der Städte angesiedelt, u.a. Brest, Lorient und Nantes.

Links oben
Luftaufnahme der Halbinsel Rhuys und des Golfe du Morbihan.

Links unten
In der Nähe von Port-Coton auf der Insel Belle-Île-en-Mer.

Unten
Blick von der Landzunge Pointe du Bilgroix auf die Einfahrt zum Golfe du Morbihan.

Ausflüge ans Meer…

Unten
Den „schönsten Strand Europas" findet man laut Reiseführer in La Baule. Das Seebad entstand in der Mitte des 19. Jh., als reiche Bürger aus Nantes hier ihren Zweitwohnsitz errichten ließen.

LA BAULE (Loire-Atlantique)

Von allen Städten an der Atlantikküste kann sich La Baule wahrscheinlich als einzige mit den Badeorten an der Côte d'Azur messen. Im Sommer tummeln sich hier Tausende Touristen, um den „schönsten Strand Europas" zu bewundern, dessen feine Sandweiten sich in Halbmondform über 8 km erstrecken, oder um ein paar Tage in den Ferienhäusern, die zwischen den Pinien verstreut liegen, zu verbringen.

CONCARNEAU (Finistère)

Concarneau ist der größte Tunfisch-Hafen Frankreichs. Seit 1905 findet in der Stadt Ende August das Fest der Blauen Netze statt, eine der beliebtesten Veranstaltungen in der Bretagne.

Zur Zeit der Evangelisierung der Bretagne wurde auf der kleinen Insel, wo heute die befestigte Stadt steht, ein der Abtei von Landévennec unterstehendes Priorat gegründet. Im 13. und 14. Jh. wurde ein Festungsring gezogen, der zwischen 1451 und

1477 wieder aufgebaut und schließlich im 17. Jh. durch Vauban wieder hergestellt und vervollständigt wurde.

Die befestigte Stadt (Ville Close) besieht man am besten von außerhalb, von der Place Jean-Jaurès zum Beispiel. Auf einer 380m langen Insel erstreckt sich der Befestigungsring. Links steht ein Bergfried mit Uhr, der sich harmo-nisch in das Ganze einpasst. In der Rue Vauban liegt das Fischereimuseum.

Maigret in Concarneau

Die Bretagne inspiriert die Autoren von Kriminalromanen. Einer der ersten, der das Land als Schauplatz auserkor, war Georges Simenon in Der gelbe Hund (1931). Der belgische Schriftsteller brachte ein paar Wochen in Concarneau zu, um diesen Fall des Kommissar Maigret zu schreiben

Er hatte ein großes Haus gemietet, die „Villa Kerjean" bei Les Sables-Blancs, wo er mit seiner Frau, seiner Sekretärin und seinem Hund lebte. ■

Unten

Befestigte Altstadt von Concarneau mit Festungswall, Wachturm und Turmuhr. Der Name des Ortes ist auf das bretonische Konk-Kernev (Bucht von Cornouaille) zurückzuführen im Gegensatz zu Conquet (Konk-Leon für Bucht von Léon).

PRESQU'ÎLE DE CROZON (Finistère)

Auf der Halbinsel von Crozon findet sich eine unglaubliche Zahl von großartigen Reisezielen. Auf der Landzunge, die wie ein Dreizack in den Atlantik hinausragt, zwischen der Reede von Brest im N und der Bucht von Douarnenez im S, erwarten uns mitreißende Eindrücke von Steilklippen, sandigen Buchten und vom Meer geformtem Fels. Auf der Suche nach der geheimnisvollen und wilden Bretagne könnte man hier fündig werden.

Im S liegt der Badeort Morgat. Eine Fahrt mit den Ausflugsbooten zu den Grotten von Morgat, vorbei an der Steilküste, lohnt sich. Im SO die malerische "Porte" oder Pointe de la Chaise (Beg-ar-Gador). Dann folgen die Landspitzen von Saint-Hernot, Dolmen und Rostudel.

Die Straße D 225 führt zum Cap de la Chèvre, einer mächtigen Landspitze aus Sandstein, in deren schroffe Abhänge Grotten eingeschnitten sind. Zwischen diesem Kap und der Pointe de Dinan erstrecken sich die beeindruckendsten Abschnitte der Halbinsel: eine Aufeinanderfolge von Klippen, kleinen und größeren Einbuchtungen, Sandstränden und Landspitzen. Der Strand von Lost-Marc'h („Pferde-schwanz", das breton. Wort für Schachtelhalm) ist von besonderer Anziehungskraft. Weiter im N die Landspitze und das „Schloss" Dinan, die durch zwei natürliche Felsbögen verbunden sind. Ein wenig weiter die Grotten „des Korrigans", bemerkenswert durch ihre Farben und die Höhe der Stollen, allerdings schwer zugänglich; es ist unerlässlich, einen Führer zu nehmen.

Unten
Beg-ar-Gador auf der Halbinsel Crozon. Besichtigung der Grotten mit dem Boot (ab Morgat).

DINARD (Ille-et-Vilaine)

Die Stadt ist seit jeher auf Fremdenverkehr ausgerichtet und konnte ihr Angebot noch ausweiten (Reitsportzentrum in Val-Porée, Golf, Tennis, Kongresse). In Dinard gibt es ein wunderschönes protestantisches Gotteshaus (1871) sowie ein kleines Museum in der Nähe der Kirche Notre-Dame. Ausgehend von den Stränden der Stadt bieten sich traumhafte Spaziergänge an. Im N der größte Strand „de l'Ecluse", zwischen der Pointe de la Malouine und der Pointe du Moulinet. Von hier kann man zum Strand „du Prieuré" laufen (im SO, auf der Saint-Malo gegenüber liegenden Seite). Dabei geht es am Kasino, am Kongresspalast und dem Aquarium vorbei bis zum Spazierweg „Clair-de-Lune", wo dank der windgeschützten Lage eine verblüffende mediterrane Vegetation gedeiht (Palmen, Agaven, Eukalyptus).

Die Zufahrt zu diesem Badeort wurde seit der Errichtung des Staudammes an der Rance (1960-1966, mit Gezeitenkraftwerk) sehr erleichtert.

Oben
Aus dem schlichten Fischerdorf Dinard des beginnenden 19. Jh. entwickelte sich ein beliebter Aufenthaltsort für Engländer und Amerikaner.

Dinard, eine „englische" Stadt

Dinard und das Tal der Rance haben die Briten schon immer in ihren Bann gezogen. Gabriel-Louis Pringué zufolge, war Dinard zu Anfang des Jahrhunderts der „aristokratischste und eleganteste Strand Nordeuropas". Um 1893 lernte Thomas Edward Lawrence, der später Lawrence von Arabien werden sollte, bei den Brüdern der Christlichen Schulen Dinards das Lesen – auf Französisch.

Lawrence kehrte mehrmals in die Bretagne zurück, die er vor allem auf dem Rad durchquerte. Auch andere berühmte Schriftsteller, wie Agatha Christie, machten hier oft Halt. ■

DOUARNENEZ (Finistère)

Douarnenez ist nach wie vor einer der bedeutendsten Fischerhäfen Frankreichs und stieg dank seines 1993 eröffneten Schiffsmuseums (Hafenmuseum) zur europäischen Hauptstadt des maritimen Kulturerbes auf. Der Legende zufolge, soll in der Bucht von Douarnenez die Stadt Ys versunken liegen, das bretonische Atlantis...

Links oben

Hafen von Douarnenez.

Links unten

Leuchtturm auf den Klippen des Cap Fréhel.

Unten

Erquy.

ERQUY (Côtes-d'Armor)

Erquy ist einer der wichtigsten Häfen Frankreichs, was den Fang von Schalentieren angeht (v. a. Jakobsmuscheln). Es handelt sich auch um eine belebtes Badeausflugsziel. Das Cap (hauptsächlich rosa Sandstein) ist mit seiner Heidelandschaft und den steil abfallenden Klippen (bis zu 68 m hoch) von packender Schönheit.

FRÉHEL (Côtes-d'Armor)

Einer der Aufsehen erregendsten Orte an der bretonischen Nordküste, gleichzeitig der höchste Punkt an der Côte d'Émeraude („Smaragdküste“). Die Klippen aus Porphyr und rotem Sandstein ragen an die 70m über dem Ärmelkanal empor.

Im O-Teil des Caps liegt, auf den rosa Sandsteinfelsen der kleinen und der großen „Fauconnière“, ein natürliches Schutzreservat für Wandervögel.

Alles wird von zwei Leuchttürmen beherrscht. Der ältere – und kleinere – wurde im 17. Jh. in Betrieb genommen. Der neuere Turm verrichtet seit 1950 seinen Dienst. Bei klarem Wetter reicht die Leuchtkraft 100 km weit; von oben, wo sich die Laterne befindet, genießt man den Blick über die Küste und – manchmal – bis zu den Kanalinseln.

DER GOLF VON MORBIHAN

200 km Uferlinie, 10.0000 ha Küstenlandschaft, zahlreiche Inseln – im Golf von Morbihan finden sich viele Möglichkeiten für Spaziergänge und Bootsausflüge. Dies ist aber kein ganz gefahrenfreies Vergnügen. Der Schein trügt, denn im Golf ist das Meer keineswegs ruhig, die Strömungen sind sehr stark. Der Golf, das ist eine eigene Welt mit einem unermesslich milden Klima. Zehntausende Wandervögel verbringen hier den Winter. Die Austernzucht zählt zu den wichtigsten Wirtschaftszweigen.

Zum Golf gehören Dutzende Inseln, die meisten allerdings von bescheidener Größe; nur zwei sind eigenständige Gemeinden: Île-aux-Moines und Arz.

Vom Ort Larmor-Baden aus gelangt man auf die Insel Gavrinis, wo es ein Hügelgrab aus der Jungsteinzeit (3800 vor JC) zu entdecken gilt, das zu den schönsten der Welt zählt.

PAIMPOL (Côtes-d'Armor)

Pierre Loti und Théodore Botrel machten die Hafenstadt Paimpol und ihre Islandfischer bekannt, die den Ort zwischen 1852 und 1935 zum größten Kabeljau-Fischereihafen avancieren ließen. Nicht weit entfernt befindet sich in atemberaubender Küstenlage inmitten von Wäldern, Sümpfen und prächtiger Parkanlage die Abtei Beauport, die im Jahre 2002 ihr 800-jähriges Bestehen feierte.

Rechts oben

Die Insel Quistinic vor der Halbinsel Rhuys.

Rechts unten

Einsam und verlassen: die schlichte Kapelle auf der Insel Boëdic.

Unten

Hafen von Saint-Goustan in Auray.

PLOUMANAC'H (Côtes-d'Armor)

Ploumanac'h, bei Perros-Guirec, verdankt seine Bekanntheit den verblüffenden kupferroten Fels-Formationen, die in der Tat Phantasiegebilden ähneln.

Ploumanac'h erwandert man am besten entlang der Küste, von O nach W. Am Ende des Zöllnerpfades von Perros-Guirec her kommend, erblickt man zunächst das Felsmassiv von Pors-Rolland, dann das „Schloss des Teufels" und schließlich im N die Pointe de Squewel. Von hier gelangt man in die Bucht von Pors-Kamor und zum Leuchtturm von Ploumanac'h, von wo man einen unvergleichlichen Panoramablick u.a. auf die Inselgruppe „Sept-Îles" (im N) genießt. Die größten Felsgebilde liegen dann im SW. Neben dem Strand Saint-Guirec erblickt man den „Hut von Napoleon".

PORT-LOUIS (Morbihan)

Die Stadt liegt auf der Landzunge am Eingang zur Reede von Lorient und zählt 3300 Einwohner. Bis ins 17. Jh. war sie Festung und wichtiger Fischereihafen.

Oben

Leuchtturm von Ploumanac'h an der Côte de Granit rose.

Unten

Landzunge Pointe du Raz.

Oben
Im ausgehenden 16. Jh. begannen die Spanier mit dem Bau der Zitadelle von Port-Louis, als sie während der Religionskriege den katholischen Bretonen zu Hilfe eilten. Das Bauwerk wurde 1636 unter Richelieu fertiggestellt.

Die Zitadelle (1590-1636) hält Wache über der Meeresstraße nach Lorient. Sie ist unbeschadet erhalten und damit in ganz Frankreich eines der schönsten Beispiele für die militärische Architektur vom Ende des 16., Anfang des 17. Jh. Heute sind hier das Musée de la Compagnie des Indes und das Musée de l'Atlantique zu besichtigen.

LE POULIGUEN (Loire-Atlantique)

Le Pouliguen ist ein bezaubernder kleiner Hafen mit schattigen Avenuen und alten kalkgeweißten Fischerhäusern.

Die Küstenstraße Richtung Pointe de Pen-Château führt an steilen Klippen und Felslandschaften vorbei. Kurz vor der Pointe de Pen-Château steht, direkt am Meer, die Kapelle Sainte-Anne-et-Saint-Julien (16. Jh.).

POINTE DU RAZ (Finistère)

Die Pointe du Raz bei Plogoff gleicht einem langen Felssporn; sie fällt in mehreren Stufen zum Ozean ab. 8 Meilen vor der Küste, hinter dem Leuchtturm „de la Vieille", liegt die von Riffs umgebene Île de Sein. Hier befindet sich eine der gefährlichsten Fahrtrinnen Europas.

Die Landspitze (72m hoch) umwandert man mit Fremdenführern. Das Meer peitscht unablässig gegen den Fels. Die Fluten höhlen den Stein von unten aus und bilden einen Hohlraum, in den die Wassermassen mit ohrenbetäubendem Lärm hineindonnern. Es heißt auch, in dieser „Hölle von Plogoff" könne man die Seelen der Verstorbenen seufzen hören…

Zwischen den beiden Landrücken des Cap Sizun liegt die Baie des Trépassés („Totenbucht"), die lange Zeit das Tor zum Jenseits versinnbildlichte.

ROSCOFF (Finistère)

Die Hafenstadt besitzt wunderschöne Patrizierhäuser ehemaliger Reeder, eine ansehnliche Kirche (Notre-Dame de Kroaz-Batz, 1550) und Reste des alten Stadtwalls. Lange Zeit unterhielt der Hafen Handelsbeziehungen mit Nordeuropa, Spanien und Portugal. Heute lebt der Ort vornehmlich vom Frühgemüseanbau, dem Fährhafen (Brittany Ferries und Irish Ferries), von der Thalassotherapie und der Forschung (Biologisches Institut). In England verband man Roscoff lange Zeit mit den Zwiebelverkäufern oder „Johnnies", deren Geschichte in einem Museum nacherzählt wird. Sehr sehenswert ist ebenfalls der exotische Garten.

SAILLÉ (Loire-Atlantique)

Die Ortschaft Saillé, 3 km von Guérande, liegt auf einer ehemaligen Felsinsel inmitten eines von Salzteichen durchzogenen Sumpfgebietes. Schon seit Generationen, bis heute, ist die Salzgewinnung die Haupteinnahmequelle der Bewohner.

Saillé ist von allen Orten auf der Halbinsel derjenige, dessen traditionelles Ortsbild am besten gewahrt ist. Es sind noch für Sumpfgebiete typische, gekalkte Wohnhäuser und Schieferdächer zu sehen. Die Tracht der Moorbewohner zählt zu den eigentümlichsten in der Bretagne.

Unten
Hafen von Roscoff.

SAINT-NAZAIRE (Loire-Atlantique)

Während des 2. Weltkriegs spielte der Hafen eine strategische Rolle (deutscher U-Boot-Stützpunkt; britisch-kanadische Operation im März 1942; „Enklave von Saint-Nazaire" 1944-1945). Die Stadt wurde zu 90 % zerstört. Heute besitzt sie die größte Schiffbauanlage Frankreichs (Atlantique-Alstom-Werftgruppe). Eine 3.556 m lange Brücke überspannt die Loire.

Rechts oben
Schiffswerft Chantiers de l'Atlantique in Saint-Nazaire („MSC Orchestra").

Rechts unten
Salzgärten von Guérande.

Inselzauber

Unten
Spitze Felsen Aiguilles in Port-Coton auf der Insel Belle-Île-en-Mer.

BATZ (Finistère)

Die Insel liegt zwei Meilen vor Roscoff (mit der Fähre 15 Minuten) und misst der Länge nach, von W nach 0,4 km bzw. durchschnittlich 1km in der Breite. Obgleich von geringer Erhebung, schützt das Eiland den Hafen von Roscoff vor den Nordwinden. Das milde Klima an der S-Küste begünstigt den Anbau von Frühjahrsgemüse. Die Bewohner gehen auch der Algengewinnung, Fischerei und dem Fremdenverkehr nach. Im SO liegt der Kolonialgarten Georges-Delasselle, und ganz in der Nähe die Ruine einer romanischen Kapelle aus dem 10. Jh. Ebenfalls in diesem Inselabschnitt gelegen: eine frühgeschichtliche Begräbnisstätte und ein Dolmen (beide im 13. Jh. durch einen Calvaire christianisiert). Die N-Küste ist wilder.

Auf der Insel lassen sich schöne Spaziergänge unternehmen: im W, an der höchsten Stelle an der Küste (35m), kann man den Leuchtturm (211 Stufen) besichtigen.

Oben
Le Palais: Inselhauptstadt von Belle-Île-en-Mer mit Zitadelle (Mitte 16. Jh.).

BELLE-ÎLE-EN-MER (Morbihan)

ist eine der größten der bretonischen Inseln: an die 17 km lang, 5-9 km breit, mit 80 km Küstenlinie, wo sich Klippen, kleine Buchten und Strände abwechseln. Das Einland aus hartem Felsgestein senkt sich gegen N hin zu einer flacheren Küste ab; zur offenen See hin zeigt es sich dafür von seiner rauen und unwirtlichen Seite.

Zur Insel gehören 4 Gemeinden: Le Palais, Bangor, Locmaria und Sauzon.

Le Palais, ist der Hauptort, über dem die Mitte des 16. Jh. errichtete Zitadelle ragt, welche dann von der Familie Gondi ausgebaut und schließlich von Fouquet und Vauban weiter befestigt wurde; letzterer weilte 1682 auf der Insel. Heute beherbergt die Zitadelle ein Museum. Von hier aus gelangt man weiter zur Pointe de Taillefer, wo einen ein schöner Ausblick auf die Küste des Morbihan erwartet. Am Eingang zu einem verwinkelten Tal liegt im NW Sauzon. Von der Pointe des Poulains, durch eine sandige Landzunge mit der Insel verbunden, überblickt man die „wilde“ W-Küste (Côte Sauvage). Auf der Pointe du Vieux-Château befindet sich ein Vogelschutzgebiet (Seemöwen, Kormorane, große Sturmmöven); in der Eisenzeit war es ein befestigtes Cap.

In der Grotte mit dem Beinamen „Apothicairerie“, südwestl. von Sauzon, nisteten einst Kormorane. In den Klüften der Felswand lagen die Nester aneinander gereiht und erinnerten an die Salbentiegel in einem Apothekerschrank. Bei stürmischem Wetter stürzt sich das Meer hier in eine Art natürlichen Tunnel. Weiter im S der Strand von Port-Donant, von Felsenklippen umgeben. Auch sehenswert die „Aiguilles de Port-Coton“, schmale, vom Meer geformte Felsnadeln. Bei Ebbe lässt sich auch die Grotte du Talut erkunden.

BRÉHAT (Côtes-d'Armor)

Die Insel ist eine Anhäufung von schwerem, rosafarbenem, von der natürlichen Erosion geglättetem Granit. Aber durch die Milde des Klimas und die Vegetation erinnert Bréhat mitunter auch an eine Mittelmeerinsel. Es regnet übrigens nur wenig, die Wolken ziehen meistens vorüber. Die Pflanzenwelt ähnelt einer südlichen Flora – Eukalyptus, Oleander, Fichten, Mimosen, Myrten, Feigen- und Mandelbäume. Der Vergleich endet hier, denn unweit dieser Landschaft peitschen oftmals Stürme und Gewitter gegen die Felsenküste. Das Innere des Eilandes bietet einen friedvollen Eindruck, der N hingegen ist äußerst urwüchsig: Es ist, als ob Tausende von Steinen in einem Heideland, mit vom schneidenden Wind gezeichneter Vegetation, wild durcheinander lägen. Bréhat – eine Insel der Gegensätze.

Bréhat, 3,5 km lang bzw. 1,5 km breit (309 ha) ist eine eigene Welt. Luftverschmutzung gibt es hier nicht, Motorfahrzeuge sind nämlich untersagt. Wie selbstverständlich halten sich hier die unterschiedlichsten Vögel auf, Wasserläufer, Seemöwen, Kormorane, Sturmmöwen usw.

Die niedrigen, strohbedeckten Häuser, die moderneren Villen, an denen Glyzinien emporklettern, die schmalen Gehwege und zahllosen kleinen Buchten laden zu einem gemächlichen Erkundungsgang ein. Der Hauptort von Bréhat liegt nördl. des befestigten Hafens (Port-Clos), in dem die Fährboote anlegen. Bei der Kapelle Saint-Michel (1 km westl. des Ortes) hat man ausgezeichnete Sicht auf den „Kerpont", den schmalen Meeresarm zwischen Bréhat und der ebenfalls bewohnten Île Béniguet. Vor allem bei Sonnenuntergang zeigt sich die Landschaft von ihrer ganzen Schönheit. Die Bucht „de la Corderie" bildet den eigentlichen Hafen der Insel; im 19. Jh. herrschte hier noch emsige Betriebsamkeit.

Der Phare du Paon (Leuchtturm 2,8 km nordöstl. des Ortes) überragt ein regelrechtes Felsengewirr.

LES GLÉNAN (Finistère)

Im Archipel von Glénan liegen ein Dutzend größere und mehrere kleine Inseln. Hier wird noch mit kalkhaltigem Meersand und Maërl (Dünger aus Kalkabsonderungen der Rotalge) gehandelt, größter Anziehungspunkt sind jedoch die Wassersportzentren, die seit 1948 auf Penfret, Drenneg, Cigogne und Bananec bestehen.

Scharen von Sommerfrischlern zieht es auf die Île Saint-Nicolas, wo sie ein internationales Tauchsportzentrum erwartet. Die übrigen Inseln – Geoteg, Kignenek, Cigogne (mit einem alten Fort) und Le Loc'h – werden von Feriengästen und Wissenschaftlern des Meeresforschungszentrums in Concarneau sowie von Vogelkundlern frequentiert.

GROIX (Morbihan)

Das Eiland ist ca. 8 km lang und 2 km breit und von einer meist flachen Landschaft geprägt. Die Küste (besonders auf der S-Seite) ist von hohen Steilklippen gesäumt. Von der Furcht erregenden Felsenkluft Trou-de-l'Enfer – „Höllenloch" – bis zum Hafen von Saint-Nicolas, einem kleinen zweispaltigen Fjord, lässt es sich an der Küste zu Fuß entlang wandern. Im O erstrecken sich windgeschützte Sandstrände. Die Seemänner von Groix waren auf Tunfisch-Fang spezialisiert, zwischen 1880 und 1950 bestand die Flotte aus über 300 Fischloggern. Die Jagd auf den „Germon", den weißen Tunfisch, gehört mittlerweile der Vergangenheit an.

Seit 1952 ist im Hauptort Loctudy ein lebensgroßer Tunfisch zu sehen, aufgespießt auf dem Wettermast. „Ein Hahn, das ist doch nur was für Bauern", behaupten die hiesigen Seeleute. 1984 wurde in Port-Tudy ein Heimatmuseum eröffnet.

Links oben

Mildes Klima, außergewöhnliche Vegetation, niedrige Häuser und schmale Gassen machen die Insel Bréhat zu einer Welt für sich.

Unten

Port-Tudy auf der Insel Groix.

HOUAT UND HOËDIC (Morbihan)

Die bretonischen Namen lassen keinen Zweifel aufkommen: 'houad' heißt Ente, und 'hoadig' Entlein. Sie scheinen auf einen Größenvergleich zwischen den beiden ungleichen Zwillingen abzuzielen.

Auf der Insel Houat gibt es heute ein paar Restaurants, Crêperien und ein oder zwei Hotels – und das ist schon viel (1909 hieß es noch in im Reiseführer Conty: „Übernachten kann man im Pfarrhaus.") Im Gegensatz zu anderen Inseln hat man sich auf Houat kaum dem Fremdenverkehr verschrieben. Der Bauwirtschaft gereicht das zur Klage, die Insel aber konnte so ihre Urtümlichkeit weitestgehend bewahren.

Houat ist 5 km lang und durchschnittlich 1300 m breit. Höchste Erhebung: 31 m. In der Ebene wird Landbau betrieben, in den letzten 10 Jahren setzte man aber verstärkt auf Hummerzucht.

Die schlichte Kirche ist, wie der Hafen, dem Hl. Gildas geweiht, der im 6. Jh. auf Houat weilte. Am Eingang zum Friedhof steht eine Stele. Die Häuser der Insel sind niedrig, gedrungen, mitunter kalkgeweißt.

Hoëdic ist nur 2,5 km lang und 1 km breit. Anfang des Jahrhunderts war das Eiland aber stärker besiedelt als Houat.

OUESSANT (Finistère)

Die Île d'Ouessant (auf Bretonisch 'Enez-Eussa', aus dem Walisischen 'Uxi-sana', zu dt. 'die Höchste') ist eine Welt für sich. Die Häuser der Insel sind meist einstöckig, mit fünf Fenstern und einer Tür. Klugerweise liegt diese an der windabgewandten Seite. Es stimmt, dass es moderne Bauten gibt, vielleicht zu viele – die Behörden hat dies dazu veranlasst, Ouessant in den Naturschutzpark Armorique einzugliedern. Hier und da erblickt man schwarze oder weiße Schafe, ganz kleingewachsen, so als könnten sie derart dem Wind besser Stand halten.

Erkunden lässt sich die Insel je nach Lust und Laune. Keinesfalls auslassen sollte man die NW-Küste zwischen der Bucht von Béninou und dem Phare du Créac'h, dem meistbesuchten Ausflugsziel der Insel. Dieser Leuchtturm (2,5 km vom Hauptort Lampaul) wurde 1862 in Betrieb genommen, seit 1939 zählt er zu den leistungsstärksten der Welt.

Ein bisschen weiter, an der Pointe du Pern (3,5 km vom Ort) sind in den Felsformationen Tiergestalten zu sehen; die Insel als solche gleicht übrigens der Schere eines Krebses.

Im NO die Pointe du Stiff (ebenfalls interessanter Ausblick). Auch erwähnenswert: die Pointe de Pen-al-Lann (O-Seite) und die Pointe de Pen-ar-Roc'h (S-O). Mit etwas Glück können Sie beim Herumspazieren eine Kolonie von Graurobben erblicken.

Die Ortschaft Lampaul ist das Zentrum der Insel, mit schönen alten Häusern. In 1,5 km Entfernung, in Nion-Huella, befinden sich zwei kleine Museen zu Technik und Traditionen auf Ouessant

Die Ile de Molène, klassischer Zwischenhalt auf der Fahrt von Ouessant zum Festland, ist viel kleiner. Das flache Eiland misst 1,2 km in der Länge bzw. 800 m in der Breite.

SEIN (Finistère)

Die Landschaft ist karg und flach, die Vegetation spärlich. Die durchschnittliche Höhe beträgt nicht mehr als 1,5 m – das erklärt, warum Sein schon mehrmals beinahe überschwemmt worden ist.

Die Gässchen im Hafen haben manchmal sonderbare Namen („Straße des Kühnen Hahnes“ oder „zur Himmelfahrt“). Sie sind nur 1-2m breit.

Von der Spitze des Leuchtturms im W-Teil der Insel überblickt man ein Korallenriff, das von Sein noch 10 km weit ins offene Meer hinaus führt. Am Endpunkt der natürlichen Barriere steht der Phare d'Ar-Men, an einem der unwirtlichsten Stellen der bretonischen Küste. Die Bauarbeiten erstreckten sich über fast 15 Jahre (1867-1881).

DAS ARCHIPEL LES SEPT-ÎLES (Côtes-d'Armor)

Das Archipel Les Sept-Îles („Die 7 Inseln“) vor Perros-Guirec war 1967 in aller Munde. Die Rosa Granitküste und das Archipel wurden damals nämlich von einem Ölteppich überzogen. Für das seit 1912 hier befindliche Vogelschutzreservat war dies eine Katastrophe.

Zur Inselgruppe gehören, von O nach W: Rouzic (die bekannteste), Malban, Bono, Île-aux-Moines, Île-Plate und gleich daneben die kleinere Île-aux-Rats, Les Cerfs und im N von Bono Costans. Das sind schon 8, und es gehören noch mehr kleinere Felsinselchen dazu.

Das Archipel ist heute vornehmlich ein vom Französischen Vogelschutzverband verwaltetes Reservat. Es handelt sich um in ganz Frankreich noch heute einzigartiges Schutzgebiet für Seevögel.

Das Betreten der Inseln ist untersagt (mit Ausnahme der Île-aux-Moines), aber mit einem Ausflugsboot lässt sich das Archipel von Perros-Guirec aus erkunden.

Links oben
Insel Houat.
Papageientaucher.

Unten
Die Insel Ouessant.

Im Inneren der Bretagne

Im Landesinneren – auch „Argoat" (Land der Wälder) genannt – ist die Bretagne von unendlicher Vielfalt. Die Landschaft ist hüge-lig, große Erhebungen gibt es allerdings keine.

Links
Die Anhöhen Monts d'Arrée. Von Gebirgszug zu reden, scheint übertrieben und würde Nepalesen gewiss zum Schmunzeln bringen.

Unten
Wald von Huelgoat.

Nur an zwei Orten spricht man hier von „Gebirge", es handelt sich um zwei parallel, von W nach O verlaufende Erhebungen. Aus der kargen Vegetation erheben sich sandsteinartige und kristalline Felshügel, einmal im W die Monts d'Arrée (höchste Punkte: Roc'h Ruz in Plounéour-Menez, 385 m, Tuchen-ar-Gador in Botmeur, 384,9 m, Roc'h Trévézel in Plounéour-Menez, 384,8 m) und in östl. Verlängerung die Heiden von Méné (Bel-Air in Moncontour, 339 m). Im S erheben sich die Montagnes Noires, denen im W einige schöne Aussichtspunkte vorgelagert

Oben
Mit der nötigen Ruhe lässt sich die Seele des Moors Brière erkunden.

sind (Menez-Hom in Dinéault, 330 m, Toul-Laeron in Spézet, 318 m, Roche-du-Feu in Gouézec, 219 m). An diese höchsten Stellen schließt sich südwestlich das Heideland von Lanvaux an.

Andere Landstriche liegen in Tiefebenen. Im W erstreckt sich, umsäumt von den Erhebungen der Monts d'Arrée und der Montagnes Noires, das Châteaulin-Becken; das Becken von Rennes wiederum verläuft vom Ärmelkanal bis hinunter zur Loire. Südlich von Rennes ist es durchbrochen von einer Reihe von Hügelkämmen bzw. parallel verlaufenden, in die Vilaine einmündenden Tälern. Der Fluss schlängelt sich durch eine hohe Felslandschaft (Pléchâtel, Langon).

Das Landesinnere ist dünn besiedelt. Die Natur ist unwirtlich, Heidelandschaft und Wälder prägen das Bild. Man ist hauptsächlich auf Landwirtschaft, heute vornehmlich auf „boden-unabhängige" Viehzucht ausgerichtet, bei der modernste Techniken zum Einsatz kommen. Das Land rund um ein Kerngebiet (Châteaulin, Landerneau, Guingamp, Saint-Brieuc, Loudéac, Rennes) ist von diesen langen, neu gebauten Anlagen gekennzeichnet, die der Rinder-, Schweine- und Geflügelzucht dienen. Die Bretagne ist in diesem Zusammenhang das wichtigste Produktionsgebiet Frankreichs. Hinzu kommt eine bedeutende Lebensmittel- und Futterindustrie (Viehfutter, Schlachthöfe etc.).

Das Innere der Bretagne ist aber auch – vor allem für den interessierten Besucher – ein faszinierender Flecken Erde, dessen Reichtümer oft zu wenig bekannt sind.

LA BRIÈRE (Loire-Atlantique)

Diese weite Sumpflandschaft (6.700 ha) ist einer der letzten Plätze der Bretagne, wo man in Einklang mit der Natur leben kann.

Die Region erscheint schwer zugänglich, ist durchzogen von dornenüberwucherten Wasserkanälen und geprägt von weitläufigen, feuchten Sumpfgebieten, die wenig einladend erscheinen. Die beste Zeit hierher zu kommen ist im Winter, wenn das Wasser den höchsten Stand erreicht. Dann lässt sich die Brière leicht auf einem „Blin", einem großen Kahn mit flachem Unterbo-

Ein herzöglicher Erlass aus 1461

Es ist noch möglich, die echte Brière zu entdecken, so wie sie 1461 kraft eines Patentbriefes von Herzog Franz II. den „Briérons" übertragen wurde. Durch diesen Erlass, von den französischen Königen mehrmals bestätigt, wurde das gemeinsame und unteilbare Eigentumsrecht der Bewohner anerkannt. Bis zum heutigen Tag obliegt die Verwaltung dieser Region einem Komitee aus 21 Vertretern, entsandt von den 21 Gemeinden im Gebiet der Brière. Die Sümpfe gehören also ausschließlich den Briérons, die es über die Jahrhunderte verstanden, ihre Privilegien gegen alle Eindringlinge zu verteidigen. Über sehr lange Zeit stellte die Torfgewinnung ihre wichtigste Lebensgrundlage dar. ■

den erkunden. Auf den dicht verzweigten Kanälen kann man sich durch die ganze Grande-Brière wagen. In keinem Fall sollte man aber ohne die Begleitung eines Ortskundigen aufbrechen.

Das Landschaftsbild der Brière hat sich seit Jahrhunderten kaum verändert. Freilich wurden ein paar Sümpfe trocken gelegt und in Weideland umgewandelt, und auch einige Straßen gibt es heute in der Region. Aber es ist noch möglich, die Brière in ihrer Ursprünglichkeit zu entdecken.

Die meisten Dörfer stehen auf kleinen Granitfelsen, wo die Häuser geschützt sind vor den Launen des Wassers. Aber was ein echter „Brieron" ist, der baut sein Häuschen niemals weit vom Kanal, wo seine Zille fest vertäut liegt. Die Grande-Brière ist durchzogen von zahlreichen kleinen Ortschaften mit niedrigen, weiß gekalkten und strohbedeckten Häusern: Saint-Joachim, der Hauptort, Kerhinet (Reet-Museum), Crossac, Saint-Malo-de-Guersac und Rozé („Haus des Schleusenwärters" und Vogelpark Pierre-Constant), usw.

Seit 1970 ist die Brière Nationalpark: 40.000 Hektar groß (davon 6.700 ha in der Grande-Brière).

Die Île de Fédrun, im SW von Saint-Joachim, ist in der ganzen Grande-Brière der am ursprünglichsten gebliebene Abschnitt. Das gut geschützte Dörfchen besteht einheitlich aus weißen, niedrigen Häusern mit Strohdächern. Das Verwaltungszentrum des Parks wurde hier errichtet. Zu besichtigen sind auch ein „Brauthaus" und ein typisches Strohhaus (ein altes, wieder aufgebautes Wohnhaus). Aber auch die beiden anderen Inseln, Pendille und Mazun lohnen einen Besuch.

Oben
Graureiher.

Unten
Alpenstrandläufer.

FORÊT DE BROCÉLIANDE (Paimpont)

7.000 ha groß, 14 Teiche, Tausende von Sagen und Legenden, imposante Schlösser: Der Wald von Paimpont – auch Brocéliande genannt – verkörpert die sagenumwobene Bretagne.

Les Forges-de-Paimpont heißt ein malerisches Dörfchen am Waldrand mit strohbedeckten Häusern, Mühlen und Fontänen aus dem 17. Jh. Der Name (dt. „Eisenschmiede") rührt aus der Renaissance-Zeit, als hier Erz verarbeitet wurde; die Schmieden waren bis ins 17. und 18. Jh. in Betrieb.

Paimpont (4,5 km im NW) liegt an einem Teich. Es handelt sich um die bei weitem größte Gemeinde des Départements Ile-et-Vilaine (über 11.000 ha). Sehenswert die Abteikirche (13. Jh., im 15. bzw. 17. Jh. stark umgestaltet). Einige Überreste aus der Römerzeit. Auch bemerkenswert die ausladenden Abteigebäude (17. Jh.).

Von Paimpont gelangt man (im O) zum Teich Pas-du-Houx. In der Ferne ist das Herrenhaus Manoir de Brocéliande zu sehen.

3,5 km nordwestl. von Paimpont liegt der interessanteste Abschnitt der Brocéliande, denn der „Hochwald" geht hier bis auf 255 m hinauf.

Etwas weiter nördl., 3 km östl. von Concoret, liegt das Schloss von Comper. Nachdem es im 16. Jh. demontiert und während der Frz. Revolution niedergebrannt worden war, sollte es 1870 wieder aufgebaut werden. Einer der meistbesuchten Ausflugsziele des Waldes.

Von Comper zurück auf die Straße nach Concoret, dann gegen SW Richtung Tréhorenteuc, kurz nach La Saudrais im Weiler von Folle-Pensée halten. Von hier zu Fuß zur Quelle von Barenton (1,6 km). Gießt man

Unten

Das Kloster von Paimpont wurde vom Hl. Judicaël an einem See im Wald von Brocéliande gegründet. Die heutigen Klostergebäude stammen aus dem 17. Jh.

Oben
Die Buche „Ponthus" im Wald von Brocéliande.

Rechts unten
Malereien in der Kirche von Tréhorenteuc.

Quellwasser auf Merlins Treppe, löst man ein Unwetter aus. Daraufhin kommt ein Sonnenstrahl heraus und glättet die Wogen, und zahllose Vögel fliegen durch die Luft. Es steht jedem frei, es zu versuchen.

Über Waldwege gelangt man zum Val-Sans-Retour (Tal ohne Wiederkehr) oder Val-des-Faux-Amants (Tal der Falschen Liebenden; 1 km südöstl. von Tréhorenteuc).

Zwei weitere interessante Ausflugsziele sind:

– Im W Tréhorenteuc, mit seiner phantasiereichen kleinen Kirche.

Im SW das Schloss von Trécesson (Anfang 15. Jh.).

Tréhorenteuc und seine sonderbare Kirche

Tréhorenteuc ist ihrem früheren Dorfpfarrer und außergewöhnlichen Abt Henri Gillard (1901-1979) zu großem Dank verpflichtet; er ist im von ihm restaurierten Gotteshaus bestattet. In der Kirche sind christliche und heidnische Symbole vermischt. Bemerkenswert das Mosaik des Weißen Hirschen der Brocéliande, von Jean Delpech, sowie die erstaunlichen Gemälde (1946-1947) des Deutschen Karl Rezabeck, der sich vom Dorfpfarrer und den Gemeindemitgliedern inspirierte. Das große Fenster stammt von Gruber. Der Dekor ist interessant, wenngleich mitunter verblüffend. ■

Rechts
„Angesichts derart vieler Schätze nimmt das Staunen kein Ende“, schrieb André Mussat über den Ort Champeaux nahe Vitré. Platz, Brunnen, Kirche, Chorgestühl und Kirchenfenster wecken die Neugier des Besuchers. Absolutes Highlight ist das Grabmal mit dem Beinamen „Hochzeitskammer“, der einzige Überrest aus der Mitte des 16. Jh.

Links
Die seltenen Holzmalereien (Anfang 15. Jh.) in der Kapelle Notre-Dame du Tertre in Châtelaudren zählen zu den Kunstschätzen der Bretagne.

CHAMPEAUX (Ille-et-Vilaine)

Wiewohl abseits der touristischen Trampelpfade gelegen, ist diese kleine Gemeinde nichtsdestoweniger ein archi-tektonisches Kleinod, mit ihrem, von granitenen Häusern umsäumten Platz, dem Brunnen (1601) und der Kirche. Das ca. 1430 restaurierte Gotteshaus ist eines der interessantesten in der Oberen Bretagne.

Die Kapelle (15. Jh.) an der N-Seite des Schiffes ist aus Stein. Jene an der S-Seite aus Holz, mit einem schönen Fenster (Darstellung vom Heiligen Geist). Sehenswert auch der Altar mit Baldachin, ebenfalls aus der Renaissance.

Im Chor (1522-1550) findet sich ein Kreuzigungsfenster (Anfang 16. Jh.) und ein Grabmal mit dem Beinamen „Hochzeitskammer“. Dieses 6,70 m hohe Baudenkmal wurde zu Ehren von Guy III. d'Espinay (verstorben 1553) und seiner Frau Louise de Goulaine (14 Jahre später verstorben) errich-tet. Auf zwei Etagen sind in diesem einzigartigen Mausoleum aus weißem Stein und rot-schwarzem Marmor die liegenden, völlig unbekleideten Figuren von Guy III. und seiner Frau zu sehen.

CHÂTEAUBRIANT (Loire-Atlantique)

Die Stadt liegt auf einem Hügel, umsäumt von Wäldern und Teichen; allem Anschein nach ist sie dort entstanden, wo der Gallier-Stamm der Cadeter sich niedergelassen hatte. Im 11. Jh. ließ der Stadtherr Briant – dem die Stadt ihren Namen verdankt – die erste Befestigungsanlage errichten. Der heutige Schlossbau unterteilt sich ins Vieux-Château (11. Jh., umgebaut) und das jüngere Château-Neuf. Von Briants Bauten ist v.a. der quadratische Wartturm erhalten, den man über ein Burgtor aus dem 13. Jh. erreicht. Im Schloss-hof bietet sich ein erstaunlicher Kontrast zwischen dem mittelalterlichen Teil und dem Renaissance-Palast (1533-1539).

In der Nähe des Château ein paar alte Straßen, z.B. die Rue de Couéré, in der drei Wohnhäuser aus dem 15. Jh. zu sehen sind, darunter das „Maison de l'Ange“.

Die Kirche Saint-Nicolas, im Zentrum, stammt aus dem 19. Jh.; Saint-Jean-de-Béré hingegen, im NW in der Nähe der Straße nach Rennes, ist ein Bauwerk aus dem 11. und 12. Jh. (im 17. Jh. umgestaltet).

Victor Hugo und die Bretagne
In Châteaubriant lernte die junge Nantaiserin Sophie Trébuchet im Sommer 1796 Hauptmann Hugo kennen. Am 15. November 1797 heirateten sie, drei Kinder stammen aus dieser Ehe: Abel, Eugène und: Victor. Die Frauen, die im Leben von Victor Hugo am meisten zählten, waren (zumindest gebürtige) Bretoninnen: seine Mutter, seine Frau Adèle Foucher, und auch Juliette Drouet, seine Geliebte über 13 Jahre hinweg.

CHÂTELAUDREN (Côtes-d'Armor)

Der ehemalige Hauptort des Goëlo besitzt einen der Kunstschätze der Bretagne. In der Kapelle Notre-Dame-du-Tertre (Anfang 15. Jh., umgestaltet) finden sich nämlich äußerst seltene Holzmalereien aus dem Ende des 15. Jh. Im Chorgewölbe sind auf 96 Fresken verschiedene Episoden aus der Bibel abgebildet, in der S-Kapelle gibt es weitere 32 Darstellungen aus dem Leben des Hl. Fiacre und der Hl. Margaretha. Wird auch die Feinheit der Fresken in Kernascléden nicht erreicht, so sind diese hier in Châtelaudren dennoch beachtlich. Dank der günstigen Lichtverhältnisse kann man sie in allen Einzelheiten entdecken.

Oben
Das in einer tiefen Talmulde gelegene Schloss von Fougères war einst von Seen und Moor umgeben. So war es praktisch uneinnehmbar und galt als eine der imposantesten Burgen Frankreichs.

FOUGÈRES (Ille-et-Vilaine)

An der Grenze zur Normandie bzw. zur Region Maine gelegen, war Fougères im Mittelalter eine bedeutende Festung, denn es beherrschte einen der Zugänge zur Bretagne. Heute residiert eine Unterpräfektur in dem ruhigen Städtchen, das seit dem 19. Jh. bekannt wegen seiner Schuhindustrie ist.

Die Besichtigung der Denkmäler aus dem Mittelalter beginnt an der Place aux Arbres, dem öffentlichen Park. In dessen NW-Ecke entdeckt man die Überreste eines quadratischen Turms mit dem Namen Tour du Papegaut (14. Jh.).

Die Kirche Saint-Léonard neben dem Park besitzt eine Fassade von 1880 im Flamboyant-Stil und drei Kirchenschiffe aus dem 15. und 16. Jh. Ganz in der Nähe das Rathaus mit seinem Gewölbesaal (12. Jh.) und schönen Kaminen. In der Rue Nationale das Museum des Malers Emmanuel de La Villéon (1858-1944), im einzigen Haus der Stadt mit Torhalle. In unmittelbarer Nähe befindet sich das Uhrenmuseum.

Im oberen Stadtteil finden sich einige schöne Häu-ser (z.B. die Nr. 18 in der Rue Chateau-briand). Der Belfried stammt aus 1387.

Durch die Rue de la Fourchette gelangt man zum Notre-Dame-Tor, eingefasst von zwei Türmen mit Gussloch-Reihen, und dann zur Kirche Saint-Sulpice (spitzer Schieferturm). Sie wurde im 15. Jh. in spätgotischem Stil erbaut, dann im 16. und 18. Jh. umge-staltet. In den Querschiffen finden sich zwei schöne Altäre mit in die Mauer gemeißelten Granitaufsätzen: Am Altar links ist eine Statue der Notre-Dame-des-Marais zu sehen (der Überlieferung zufolge aus dem 11. Jh.).

Die Burg betritt man durch einen quadratischen Turm (Haye-Saint-Hilaire, seltenes Exemplar für Befestigungsanlage aus dem 13. Jh.). Um den – 1166 geschliffenen – Wartturm sind 13 Türme erhalten (12-15. Jh. erbaut). Zur deren Besichtigung den Wehrgang auf dem Außenwall herum gehen.

Oben
Pflanzen und Gestein im Wald von Huelgoat.

HUELGOAT (Finistère)

Huelgoat ist eher mythenbesetzt denn real. Durch seinen Wald – durchzogen von chaotischen Felsformationen und tosenden Wasserläufen – und die Erinnerungen aus der Geschichte oder Urgeschichte ist dieser Ort für die Bretonen von besonderer Bedeutung.

Die natürlichen Sehenswürdigkeiten von Huelgoat werden zumeist vom See aus erkundet, mehr oder weniger dem Lauf des „Silberflusses" (Rivière d'Argent) folgend. Die Formationen der Felsen oder ihre eigenartige Lage tragen viel sagende Namen: Chaos an der Mühle, Teufelsgrotte, Zitternder Fels, Hausrat der Jungfrau, Champignon… Ein paar hundert Meter in den Wald hinein, nördl. der Straße nach Carhaix, am Ende des „Pfades der Verliebten", liegt die Artus-Grotte; hier ruht Artus, der König der Bretonen.

LANRIVAIN (Côtes-d'Armor)

Abseits der touristischen Pfade liegt, im Zentrum des Landesinneren, Lanrivain, eine Ortschaft mitten im Grün. Am Friedhof ist ein Beinhaus zu sehen (15. Jh.), aber vor allem der Calvaire (16. Jh.) ist von Interesse; Aufsehen erregend v.a. die gekreuzigten Schächer.

1km weiter liegt die Kapelle Notre-Dame-du-Guiaudet (Ende 17. Jh.), seit 1692 wichtiger Wallfahrts-ort. Aus dem elektrisch betriebenen Glockenspiel (16 Glocken) ertönen zwei Kirchenlieder auf Bretonisch.

Die Schluchten von Toul-Goulic (3 km von Lanrivain) sind auch sehr malerisch. Der Blavet verschwindet in diesem Chaos aus ausgewaschenen Granitfelsen über einige Hundert Meter: unter den Felsen hört man ihn tosen.

MENEZ-BRÉ (Côtes-d'Armor)

Klares und sonniges Wetter – das sind die besten Voraussetzungen, um den Menez-Bré (302 Höhenmeter) bei Pédernec zu besichtigen, dann scheint sich der weite Horizont bis ins Unendliche zu erstrecken. Aber auch bei starkem Sturm lohnt der Ausflug, wenn die Windböen diese verlassene Erhebung umtosen.

Die Kapelle Saint-Hervé auf dem Gipfelgrat wurde früher wegen ihrer anregenden Wirkung auf den Haarwuchs aufgesucht (obwohl der Menez-Bré selbst kahl ist).

MONTAGNES NOIRES

In diesen „Schwarzen Bergen“ liegt vielleicht die echte Bretagne – auf jeden Fall die geheimnisvollste. Die Touristen zieht es allerdings weniger hierher, sie begeben sich lieber auf markierte und stark begangene Pfade, denn auf die Suche nach individuellen Erkundungsmöglichkeiten. Die Montagnes Noires, das sind abgerundete Hügel. Der höchste Punkt liegt bei Roc'h-Toul-Laeron („Höhle der Schächer“, 318 m) bei Spézet, nördl. von Gourin; sie sind also wesentlich niedriger als die Monts d'Arrée.

Wie diese bestehen sie hauptsächlich aus hartem Sandstein und Quarzit. Früher waren sie von weiten Waldflächen überzogen – daher wahrscheinlich der Name –, von denen heute nur mehr die Forêt de Laz und ein paar unbedeutendere Waldgebiete zu sehen sind.

MONTS D'ARRÉE (Finistère)

Vier Gipfel ringen um den Titel des höchsten Punktes: Roc'h Ru (385 m), Tuchenn-ar-Gador - d.h. „Thronhügel“, ins Frz. fälschlicherweise mit „Toussaines“ übertragen - (384,9 m), Roc'h Trévézel (384,83 m), Roc'h Trédudon (383,2 m) und der Mont Saint-Michel-de-Brasparts (381,9 m), wobei die Höhenangaben von Autor zu Autor und von Einwohner zu Einwohner unterschiedlich ausfallen...

Diese Hügel bilden eine natürliche Hochebene, wo der Ellez entspringt. Durch das öde, ja gespenstische Bild dieser Landschaft, an der die Zeit fast spurlos vorübergegangen ist, konnten diese Orte besondere Bedeutungen erringen. Im Boden des Talkessels liegt Yeun Ellez, der Moor des Ellez. Daraus entstand ein See, aus dem zwischen 1966 und 1985 ein Atomkraftwerk sein Kühlwasser bezog. Das eigentümliche Landschaftsbild dieser abgeschiedenen Gegend wurde dabei allerdings nicht verändert. Die Irrlichter kann man heute noch sehen... Am Gipfel des Mont Saint-Michel-de-Brasparts bei Saint-Rivoal steht eine Kapelle, die Hüterin der durch die Sümpfe irrenden Seelen der Toten. Im einem Gehöft in der Gemeinde („Ferme Saint-Michel“) sind Ausstellungen zu sehen.

Bei Commana liegt das Freilichtmuseum der Monts d'Arrée, mit den Mühlen von Kerouat; es gehört zum Naturpark Armorique (der aus einem Verband von 33 Gemeinden, dem Département sowie der Stadt Brest besteht). Das Verwaltungszentrum

Links oben
Der Gebirgszug Montagnes Noires.

Oben
Wald von Quénécan.

ist in Hanvec (im Gebiet des Ménez-Meur) ca. 9 km von Saint-Rivoal.

PLOËRMEL (Morbihan)

Die Kirche Saint-Armel in spätgotischem und Renaissance-Stil ist v.a. wegen der reichen Skulpturen an der N-Fassade Aufsehen erregend. Im Inneren schönes Glaswerk mit dem Baum Jesse (16. Jh.).

Dank einer in mehr als 20 Ländern vertretenen christlichen Vereinigung („Instruction chrétienne"), ist der Name Ploërmel in der ganzen Welt bekannt.

QUELVEN (Morbihan)

In der Gemeinde Guern steht eine wenig interessante Kirche, dafür stellt die bemerkenswerte Kapelle Notre-Dame, im Weiler von Quelven, eine spirituelle Hochburg der Inneren Bretagne dar. Hoch oben auf einem Hügel überragt der beeindruckende Bau die ganze Region, er ist weithin sichtbar.

Im Innenraum sehenswert die Spitzbogen im Chor und im Querschiff, die Schnitzbalken im Langhaus, die zwei Fenster aus dem 16. Jh., eine Fregatte als Votivbild (18. Jh.), eine herrschaftliche Empore und ein alabasternes Flachrelief (Krönung der Mutter Gottes, 16. Jh.). An Bildhauerwerken findet sich eine Gruppe mit Sankt Georg und dem Hl. Hervé und seinem Wolf; der schönste Teil ist allerdings eine Flügelstatue der Madonna.

FORT DE QUÉNÉCAN (Morbihan)

Das Massiv rund um den See von Guerlédan bietet viel Sehenswertes. Das Wasserkraftwerk wurde zwischen 1923 und 1929 gebaut (205m lang, 45m hoch).

Die Kirche in Saint-Aignan, 1893-1895 stark renoviert, stammt aus dem 16. Jh.; besonders sehenswert der Baum Jesse. Der Weiler wird beherrscht von der Kapelle Sainte-Tréphine (1897).

Über einen Waldweg im S von Saint-Aignan gelangt man ins Innere des Waldes. Viele Orte in diesem 2300 ha weiten Gebiet erinnern an die Eisenschmieden, die zu den ältesten in diesem Landstrich zählen. Im Wald gibt es sehr reizvolle Ausflugsziele, wie z.B. Breuil-du-Chêne, 1 km östl. von Sainte-Brigitte. Bei einer Bootsfahrt über den See kann man die Schluchten des Blavet entdecken.

ROCHEFORT-EN-TERRE (Morbihan)

Die für ihren Blumenschmuck und herrliche ländliche Lage bekannte Stadt besitzt viel Charme, zu dem reizende alte Patrizierhäuser, eine Kirche aus dem 16. und 17. Jh. und die Reste eines Schlosses beitragen. Das lange Zeit vernachlässigte Schloss wurde 1904 vom amerikanischen Künstler Alfred Kots gekauft. Die Stadt und das Museum empfangen regelmäßig Gastkünstler wie beispielsweise Kunstmaler aus den USA.

Unten
In Rochefort-en-Terre geben sich Kunsthandwerker und Blumenliebhaber ihr Stelldichein.

SAINT-HERBOT (Finistère)

Saint-Herbot, ein Ort mit viel Grün bei Plonévez-du-Faou, steht unter der Schutzherrschaft des Hl. Herbot, dem Schutzpatron des Hornviehs. Die gotische Kapelle (14. - 16. Jh.) ist ein großartiges Bauwerk, besonders beachtenswert das Hauptportal (1516).Die Gegend um Saint-Herbot ist eine der schönsten der Inneren Bretagne, zwar etwas unzugänglich, aber eben deshalb reizvoller als die bekannteren und überlaufenen Reiseziele.

Rechts oben
Das restaurierte Schloss Trévarez (Ende 19. Jh.) in neugotischem Stil.

Herbot, Schutzheiliger der Tiere

Der Hl. Herbot ist – wie Sankt Cornély (dessen Name vorherbestimmt war) – Schutzpatron des Hornviehs. Saint-Herbot im Finistère ist keine eigene Gemeinde, sondern ein Weiler bei Plonévez-du-Faou. Noch vor nicht allzu langer Zeit hielten die Bauern eine Pardon-Prozession ab, legten auf einem Steintisch Haarbüschel vom Schwanz der Kühe oder Ochsen nieder, um den Schutz des Tierheiligen zu erbitten.

SAINT-SULPICE-DES-LANDES (Loire-Atlantique)

Die vor kurzem restaurierte Kirche im Vieux-Bourg besitzt sehr seltene Wandmalereien (Anfang 15. Jh.);

einige szenische Darstellungen sind bemerkenswert, z.B. die musizierenden Engel oder die Erhängung des Judas, bei der zu sehen ist, wie der Satan dem Apostel die Seele aus dem Unterleib reißt...

Im N, neben der Straße Châteaubriant-Angers, liegt das Château de la Motte-Glain, bei La Chapelle-Glain. Das Gebäude stammt vom Ende des 15. und Anfang des 16. Jh., im Inneren befindet sich ein Jagdmuseum.

SPÉZET (Finistère)

Die Kapelle Notre-Dame-du-Crann ist eines der seltenen ländlichen Gotteshäuser, in denen das ur-sprüngliche Mobiliar und v.a. das Fensterwerk erhalten sind. Der Bau (1532-1535) trägt eine kleine Renaissance-Laterne, zu der man über eine in die Dachschräge eingemeißelte Treppe emporsteigen kann. An den Fenstern erkennt man deutschen (Rheinland) und italienischen Einfluss.

Entlang der kanalisierten Aulne führt ein Leinpfad, auf dem sich die schönsten Spaziergänge in der Region unternehmen lassen.

TRÉVAREZ (Finistère)

Am Rande der Forêt de Laz liegt das beeindruckende Trévarez (180 ha). Dieses Gebiet bei Saint-Goazec steht in Besitz des Départements. Es umfasst zwei Teile:

– dem altem Herrensitz (106 ha), umgewandelt in eine landwirtschaftliche Versuchsanstalt;

– dem Schloss, erbaut zwischen 1894 und 1906 auf einem das Tal der Aulne überragenden Felsen.

Es entstand zu Anfang des Jahrhunderts in neugotischem Stil, nach dem Vorbild von Courances (Essonne). Unter den Bombardements der Royal Air Force wurde es 1944 zerstört und wird derzeit restauriert.

Der 75 Hektar große Park umfasst auch einen riesigen Wald und 12 km Allen und Spazierwege. Hunderte Arten von Rhododendron, Kamelien, Azaleen und Hortensien bilden eine beeindruckende Anlage. Im hintersten Teil der prunkvollen Stallgebäude ist ein archäologisches Museum untergebracht, wo man etwas über die jüngsten Funde bei Saint-Thois und Saint-Goazec erfährt. Das ganze Jahr über finden im Schloss die verschiedensten Veranstaltungen statt. Die urgeschichtliche Grabstätte (Bronzezeit), die 1977 bei Saint-Goazec entdeckt wurde, wurde in Trévarez auf Grund von Schieferplatten rekonstruiert, zu sehen sind 19 Truhengräber.

Liebens- und entdeckenswerte Städte

Die Bretagne besitzt mit Nantes einen einzigen großen Ballungsraum und eine Vielzahl ausgesprochen sehenswerter kleiner und mittelgroßer Städte.

Links
An der Schnittstelle zweier Welten und zweier Jahrhunderte: Der 85 m hohe Kirchturm der neugotischen Kirche Saint-Nicolas (1844) und das 145 m hohe Bürogebäude Tour Bretagne (1976). Mit seinen stolzen 32 Etagen und 16.000 m² Bürofläche sollte der Wolkenkratzer die wirtschaftliche Macht und Dynamik der Stadt Nantes symbolisieren. Das Projekt entpuppte sich jedoch als Flop und so musste selbst das Panorama-Restaurant schließen. Heute wird das Gebäude von verschiedenen Verwaltungen genutzt.

AURAY (Morbihan)

Die auf einem Felsvorsprung im Schutze einer Ria gelegene Stadt Auray profitiert von einer strategisch günstigen Lage mit Zugang zum Meer. Sie besitzt zwar keine außergewöhnlichen Bauwerke aber einen unvergleichlichen natürlichen Charme. Über eine alte Steinbrücke erreicht der Besucher den ehemals sehr regen Hafen Saint-Goustan. Zu den bemerkenswerten historischen Ereignissen des Ortes zählen die große Schlacht von 1364, die Gegenbewegung der königstreuen Republikgegner (Chouannerie) und die Ankunft von Benjamin Franklin im Jahre 1776. Sehr sehenswert sind das Schoner-Museum und der nahe gelegene Weiler Kerléano, wo der Chouan-Anführer Cadoudal (Mausoleum) geboren wurde. 6 km weiter nördlich liegt der Ort Sainte-Anne-d'Auray, in dem die größte bretonische Prozession zu Ehren der Hl. Jungfrau gehalten wird, die hier 1623 einem Bauern erschienen sein soll.

BREST (Finistère)

Brest besticht durch seine außerordentliche Lage. Auf einem Hochplateau errichtet, beherrscht die Stadt die weitläufige Reede, in die die größten Schiffe und sogar Atom-U-Boote einlaufen können. Die Hafeneinfahrt ist sehr eng (1,8 km an der breitesten Stelle), die Verteidigung daher leicht. Das erklärt, warum die Stadt seit 2000 Jahren für Militär und Marine von Bedeutung war (schon die Römer errichteten mächtige Befestigungsanlagen), und warum die Flugzeuge der Alliierten im 2. Weltkrieg sich mit aller Gewalt daran machten, diesen Marine-Stützpunkt zu zerstören.

Vom alten Brest ist kaum etwas übrig geblieben: Im Schloss ist die Marine-Präfektur (staatliches Marine-Museum) untergebracht; im Turm La Motte-Tanguy (16. Jh., herrlich restauriert) befindet sich das Geschichtsmuseum von Brest. Auf dem Square du Commandant-L'Her-

Oben
Nach dem Zweiten Weltkrieg war die Stadt Brest fast vollständig zerstört, nur das Schloss (15. bis 16. Jh.) überlebte die Bombardierungen. Heute ist hier die Hafenverwaltung untergebracht.

minier, mitten auf einem modernen Platz, steht einsam ein Stadttor aus dem 17. Jh. Die rue de Siam erfuhr mehrere Umbauten (Brunnen).

1989 wurde in der Nähe des Jachthafens Moulin-Blanc, in der Rue de Kerbriant Océanopolis eröffnet. Es handelt sich um ein dem Meeresleben gewidmetes, technisches und wissenschaftliches Kulturzentrum. Es besitzt die größten offenen Aquarien Europas. Unaufhörlich wird dieses Museum der Ozeane erweitert. So wurde im Jahre 2000 u.a. neuer Raum für die weltweit größte Pinguinkolonie geschaffen.

Ein wackerer Domherr

Dem Domherrn Charles Meinser (1886-1962) gebührt ein Platz im Buch der Rekorde: Mit 27 Jahren zum Leiter der Franziskaner-Schule von Dinan ernannt, sollte er 47 Jahre lang am Ruder bleiben (1914-1961). Geboren in Paris in einer aus Lothringen zugewanderten Familie, studierte er selbst bei den Franziskanern und später im Päpstlichen Seminar in Rom. Seine perfekten Kenntnisse der deutschen Sprache (die er unterrichtete) und sein angeborener Sinn für preußische Diplomatie machten ihn ab 1940 zu einem gefürchteten Verhandler, als der Feind einen Teil der Schule in Anspruch nahmen. Als Widerstandskämpfer sonder Gleichen rettete er zahlreiche jüdische Kinder. ■

Oben
Die Stadt Dinan entwickelte sich vornehmlich auf einer den Fluss Rance überragenden Anhöhe. Links ist der Turm Sainte-Catherine und die Basilika Saint-Sauveur zu sehen. Längs der Ufer gelangt man auf der Seite von Dinan zum Museum der Künstlerin Yvonne Jean-Haffen „La Grande-Vigne“, ins Tal Fontaine-des-Eaux und nach Taden. Dinan ist die Geburtsstadt von Auguste Pavie (1847-1925), der den südostasiatischen Raum erforschte.

DINAN (Côtes-d'Armor)

Dinan ist eine der reizvollsten befestigten Städte Frankreichs. Die Lage ist außergewöhnlich: Anders als z.B. Morlaix, das in einer Talsenke liegt, erstreckt sich Dinan auf dem Hügel, aus einer Höhe von 70 m überragt sie so das Tal der Rance. Von der Anhöhe in Lanvallay aus (Straße nach Rennes) hat man den schönsten Blick auf die Stadt mit dem Viadukt, den Stadtmauern, Türmen und Kirchtürmen.

Der Besichtigungsrundgang kann auf der Place du Champ beginnen, dann weiter – über die Rue Sainte-Claire – zur Place du Théâtre. Linker Hand eine Säulenvilla, das Hôtel de Keratry (16. Jh.). Zwei Schritte weiter das Jakobiner-Theater, gebaut an der Stelle eines 1224 begründeten Klosters, von dem im Inneren Überreste zu sehen sind.

In nächster Nähe die sehenswerte Rue de l'Horloge mit den Wohnhäusern aus dem 15. und 16. Jh., und v.a. den 30 m hohen Belfried (Ende 14. Jh.)

Zurück durch die Rue de Léhon bis zur Porte Saint-Louis Tor, 1620), hinter dem sich ein schöner Überblick über die „Burg“ bietet. Schon über ein Jahrhundert hatte keine Festung mehr bestanden, als dort Ende des 14. Jh. die Tour de la Duchesse-Anne. errichtet wurde. Heute liegt hier ein sehr interessantes Museum. Durch die Porte du Guichet (14. Jh.) kommt man zum Burgeingang. Nur anlässlich der „Fête des Remparts“, einer eigenen Festveranstaltung, kann man alle Befestigungsanlagen der Stadt erkunden.

Am Fuße des Wartturms beginnt die „Promenade des Petits-Fossés“, die zu einem kleinen Gässchen namens Trou-au-Chat führt. Von hier erreicht man die Rue de la Cordonnerie, gesäumt von Erkerhäusern (15. Jh.). Sie mündet in die Place des Merciers ein; im „Maison de la Mère-Pourcel“ findet sich eine sehenswerte Holztreppe aus dem 16. Jh.

Auf der Place des Cordeliers sind einige Häuser mit Torhalle (16. Jh.) sowie das Portal (15. Jh.) des 1245 gegründeten Franziskaner-Klosters zu sehen. Vom ursprünglichen Bau ist nichts erhalten, der Großteil stammt aus dem 15. Jh., insbesondere der Kreuzgang, der Ehrenhof (Tour du Capitole) und der Kapitelsaal.

In nächster Nähe, auf Nr. 4 in der Grand' Rue, ist das bemerkenswerte Türmchen mit abgestumpften Ecken des Hôtel de Plouër zu sehen (Anfang 16. Jh.; mit ein paar Zubauten aus dem 18. Jh.).

Und schließlich die Kirche Saint-Malo, begonnen ab 1489. Der spätgotische Bau wurde erst gegen 1865 fertig gestellt. Auf der S-Seite öffnet sich ein Doppelportal im Renaissance-Stil.

Von da zurück Richtung Place de l'Apport, wo ein außergewöhnlicher Komplex von (restaurierten) Häusern mit Portalvorbau zu sehen ist.

Links entlang, die Rue Haute-Voie hinauf, ein sehenswertes Renaissance-Portal; es führt in den Hof des Hôtel Beaumanoir (1535).

Über die enge Rue de la Larderie kommt man zur Basilika Saint-Sauveur. Der Bau, entstanden in der romanischen Epoche, trägt Stilmerkmale aus jedem Jahrhundert. Der untere Teil der Fassade (beachtenswert die vorspringenden Darstellungen von geflügelten Tieren über dem modernen Tympanon) und die südseitigen Rippen sind aus dem 12. Jh. Ende des 15. Jh. wurde die Kirche weitgehend umgebaut, aber nie wirklich fertig gestellt (ein Seitenschiff

Unten
Die Jerzual- und die Petit-Fort-Straße verbinden den historischen Stadtkern mit dem Yachthafen von Dinan.

Links oben
Im Duchesse Anne-Turm (14. Jh.) befindet sich das Museum.

Rechts oben
Das beeindruckende Längsschiff der Kathedrale Saint-Samson in Dol-de-Bretagne.

fehlt). Das Innere ist dunkel und bedrückend, jedoch gilt es viel Interessantes zu sehen: ein Taufbecken (12. Jh.), ein Evangelistenfenster (Ende 15. Jh.), ein Rosenkranz-Retabel und gleich daneben ein Steingrab aus dem Empire (in dem seit 1810 das Herz von Bertrand Du Guesclin aufbewahrt liegt), sowie ein monumentaler Hauptaltar mit Baldachin (18. Jh.).

Hinter der Kirche, neben den alten, das zauberhafte Tal beherrschenden Stadtmauern, erstreckt sich der Englische Garten. Im nahegelegenen ehemaligen Hospizkloster der Katharinerinnen (17. Jh.) wurde 2005 eine neue Bibliothek und Mediathek eingerichtet.

Ein Viadukt (250 m lang, 40 m hoch) verbindet seit 1852 Dinan mit Lanvallay. Vom Englischen Garten über die Rue du Rempart und ein Gässchen (Venelle Michel) kommt man zur Rue du Jerzual bzw. Rue Petit-Port, die bis in den Hafen hinunterführen. Zu den weiteren Sehenswürdigkeiten von Dinan zählen die Kunstgalerie „Maison de la Grande-Vigne“ (am Hafen) und das Eisenbahnmuseum (Bahnhof)..

DOL-DE-BRETAGNE (Ille-et-Vilaine)

Die Kathedrale Saint-Samson (13. Jh.) ist stark von der normannischen Gotik gezeichnet, aber auch ein wenig vom englisch Stil. Eines der bemerkenswertesten Bauwerke in der Bretagne. Die W-Fassade mit dem rechteckigen Portal aus dem 12. Jh. – Überreste der romanischen Kathedrale – ist von zwei Türmen eingefasst: der linke wurde im 16. Jh. begonnen, blieb aber unvollendet; der zweite ist aus dem 15., der Kampanile aus dem 17. Jh.

Das Kirchenschiff ist in drei Höhenabschnitten angelegt: die großen Arkaden, die auf von vier Nebensäulen gestützten Pfeilern ruhen; das Triforium; die Oberlichten, und an ihrer Basis, ein Rundgang. Der Chor mit englischen Stilmerkmalen, mündet in ein flaches Chorhaupt; das große Fenster (Ende 13. Jh.) ist eines der ältesten der Bretagne. Nicht weit von diesem Bauwerk entfernt, bietet das Kathedralenmuseum „Cathédraloscope" hochinteressante Einblicke in eine kaum bekannte Materie.

In der Grand'rue des Stuarts liegen mehrere interessante alte Häuser: auf Nr. 15 das Maison des Plaids mit den schönen Arkaden, auf Nr. 18 das Wohnhaus La Croix-Verte (12.-16. Jh.); Nr. 27 Maison de la Guillotière (15. Jh.); Nr. 32, der Hof der Chartiers (15. Jh.) und auf Nr. 33 ein schönes Herrenhaus aus dem 17. Jh. Ein ge-schichtliches Museum befindet sich auf Nr. 4 der Place de la Cathédrale.

GUINGAMP (Côtes-d'Armor)

Der Ursprung der Stadt geht auf die Handwerker und Kaufleute zurück, die das Dorf befestigen ließen, um gegen die Wikinger- und Normannen-Horden geschützt zu sein. Tréguier und Lézardieux wurden ja beispielsweise geplündert. Als Festungsstadt wurde Guingamp im 14. und 15. Jh. auch Herzogssitz, als der selige Charles de Blois und Peter II. hier residierten.

Die Place du Centre und die umliegenden Straßen ziehen den Betrachter durch die Fachwerkbauten (16. Jh.) oder Granitsteinhäuser (17. und 18. Jh.) in ihren Bann. Beim Flanieren auf ein paar Renaissance-Portale achten, z.B. jene zum Hof namens „Relais du Roy", sie führt zu einer großen Steintreppe. Im oberen Teil des Platzes eine schöne Fontäne italienischen Stiles, erbaut in der Renaissance, im 18. Jh. restauriert.

In der Basilika Notre-Dame-de-Bon-Secours sind mehrere Stilrichtungen vereint. Ursprünglich war der Bau die Schlosskapelle. Im 11. Jh. aber wurde daraus der Sitz einer eigenständigen Gemeinde. Im 14. und 15. Jh. wurde sie im gotischen Stil renoviert.

An der W-Fassade öffnet sich zwischen den beiden Türmen das doppeltürige Renaissance-Portal, über dem ein riesiges Fenster angebracht ist. Der Tympanon und die Gewölbe sind reich dekoriert. Über jedem Portalflügel empfangen zwei Figuren den Eintretenden.

Die N-Fassade ist gotisch, die S- sowie die Hauptfassade allerdings aus der Renaissance. Durch die weite Vorhalle an der N-Flanke gelangt man in eine äußere Betkapelle mit einer Statue von Notre-Dame-de-Bon-Secours, eine der seltenen Dar-

Links unten

Rathaus (1699) von Guingamp.

Rechts unten

Brunnen (Ausschnitt) in Guingamp.

Oben
Häuser aus Naturwerkstein auf dem Kirchplatz in Locronan. Das Städtchen kam mit dem Leinenhandel (Flachs und Hanf) zum Reichtum. Heute zieht der Ort vorrangig Kunsthandwerker und Touristen an.

stellungen einer schwarzen Mutter Gottes in Frankreich. Der Pardon von Notre-Dame-de-Bon-Secours findet in der Nacht vom ersten Samstag im Juli statt.

Das Rathaus (1699), ehemals Augustiner-Kloster, besitzt eine imposante Fassade mit einer Barock-Kapelle (1709), charakteristisch für die bretonische Gegenreform. Unweit davon im S, entlang des Trieux, sind Überreste der Stadtmauern sowie des Schlosses (Mitte 15. Jh.) zu sehen, das 1626 auf Richelieus Befehl zerstört wurde.

LOCRONAN (Finistère)

Locronan besitzt die vielleicht reizvollste, nicht-kirchliche Gesamtarchitektur in der Unteren Bretagne.

Auf dem gleichförmigen, gepflasterten Platz steht in der Mitte ein schöner Brunnen. Es erstreckt sich eine einzigartige Häuserreihe aus behauenem Stein (16. und 17. Jh.) aus der Zeit, als die Stadt durch die Tuchverarbeitung zu Reichtum gelangte. Es gibt ein kleines Museum (in der Hochsaison geöffnet).

Seite an Seite erheben sich die Kirche Saint-Ronan aus dem 15. Jh. und die Penity-Kapelle (15. und 16. Jh.); die beiden sind miteinander verbunden.

Die Kirche ist sehr homogen; 1420 begonnen, wurde sie 1480 mit dem Einsetzen des großen Fensters fertig gestellt. Im Inneren ein in der Bretagne seltenes Beispiel für Steingewölbe. Auf Grund des starken Gefälles ist der Bau in zwei Ebenen angelegt.

An der Kanzel (1707) erzählen 10 Rundmedaillons die wichtigsten Begebenheiten aus dem Leben des Hl. Ronan. Im rechten Seitenschiff ein Beispiel für Holzschnitzkunst aus dem ausgehenden Mittalter, in Form einer ergreifenden Darstellung Christi in Erwartung seiner Hinrichtung. Weitere Statuen von Ronan, Corentin und Christophe. Rosenkranz-Retabel aus 1668. Schatztruhe in der Sakristei.

Die Penity-Kapelle ist wegen der darunter liegenden Quellen von Grünfäule befallen; zu sehen sind eine große, mehrfarbige, in Stein gemeißelte Betrauerung, und die liegende Figur des Hl. Ronan, bekleidet mit seinem Ornat, die Mitra auf dem Haupt. Dieser Kersantit-Bau stammt aus dem 15. Jh.

Le Grenier

Durch ein kleine steile Gasse von der N-Seite des Platzes kommt man zur Kapelle Notre-Dame-de-Bonne-Nouvelle (15.-17. Jh.), gekrönt von einer kleinen Renaissance-Laterne. Zu sehen eine Grablegung (16. Jh.).

Alle sechs Jahre (2007, 2013…) wird in Locronan ein in seiner Art fast einzigartiger Pardon abgehalten: die Grande Troménie, frz. Verformung des breton. „tro minic'hi", „Bittgang um die klösterliche Erde". Es handelt sich um eine 12-13km lange Prozession, die dem Weg folgt, die Sankt Ronan einmal wöchentlich zurückgelegt haben soll. Die Zeremonie wird an einem Sonntag Morgen im Juli durch den Segen der Prozessionsfahnen eröffnet. Am Nachmittag findet unter Trommelbegleitung die Prozession statt. Die Petite Troménie wird am 2. Sonntag im Juli abgehalten, und zwar jährlich (außer in den Jahren der Grande Troménie); sie geht über 4-5 km.

Die Brüder Daniélou

Jean und Alain Daniélou, Söhne des Bürgermeisters von Locronan, leisteten Bemerkenswertes. Jean (1905-1974) wurde Theologe, Kardinal und Mitglied der Académie Française. Alain (1907-1994) umreiste die Welt und ging schließlich nach Indien, wo er über 25 Jahre lebte. Er schrieb zahlreiche Bücher, darunter Le Chemin du labyrinthe (1993 neu aufgelegt), in dem er über seine Kindheit in Locronan schreibt. ■

Links

Kirche Saint-Ronan (15. Jh.) und Kapelle Le Pénity (15. und 16. Jh.) in Locronan.

Rechts

1995 in Locronan: bretonische Prozession „Grande Troménie" .

LORIENT (Morbihan)

Lorient, gut geschützt in der Reede, wo Scorff und Blavet einmünden, ist erst spät auf bretonischem Boden entstanden. Die Stadt wurde 1666 auf Befehl des Königs errichtet, sie erhielt den Namen „L'Orient" – der Orient –, Schiffswerften wurden gebaut. Bald wird die Stadt Sitz der Ostindiengesellschaft.

Vom alten Lorient ist wenig übrig: zwei Louis-XV-Pavillons – von Gabriel für die Ostindiengesellschaft erbaut – am Eingang zum Königlichen Arsenal; die den Hafen beherrschende Tour de la Découverte (18. Jh.), und zwei Pulvermühlen der Admiralität (in der einen ist heute ein Seefahrt-Museum). Unweit davon ein paar herrschaftliche Gebäude der Ostindiengesellschaft am Quai des Indes, entlang der Docks.

Oben und rechts
Internationales keltisches Festival von Lorient: Festival Interceltique de Lorient.

Nach den verheerenden Bombardierungen zwischen 1941 und der Aufgabe der deutschen Garnison am 8. Mai 1945 musste die zerstörte Stadt wieder aufgebaut werden. Das Zentrum wurde nach einer etwas strengen Geometrie angeordnet, doch besitzen die Häuser ganz nach der Tradition blankweiße Fassaden. Lorient ist eine boomende Stadt, vom Flughafen Lann-Bihoué in Ploemeur ist man in kürzester Zeit in Paris. Sehr sehenswert sind die ehemalige deutsche U-Boot-Station und die „Thalassa", ein ehemaliger Fischdampfer des ozeanografischen Forschungsinstituts Ifremer.

In der ersten Augustwoche findet alljährlich das große „Festival interceltique" statt. Bei Ploemeur wurde 1981 ein Konservatorium für traditionelle bretonische Musik, Gesang, Tanz und Sportarten eröffnet.

Indien und die Bretagne

Lorient wurde im 17. Jh. als die Stadt erbaut, in der die Ostindiengesellschaft ihren Sitz erhalten sollte. 1666 legten die ersten zehn Schiffe Richtung Surat, nördl. von Bombay, ab; 1669 erreichte die erste Schiffsladung die Bretagne. Lorient war damals Umschlagplatz für alle Waren aus dem Orient. Zahlreiche Persönlichkeiten (Abenteurer, Verwaltungsbeamte, Kirchenmänner, Schriftsteller) unterhielten bzw. unterhalten noch immer Beziehungen zur Bretagne und zu Indien: Pierre-Olivier Malherbe, Dupleix, La Bourdonnais, Madec, Alfred de Bréhat, Pierre Maël, Chevrillon, Jean Sulivan, Alain Daniélou, Oberst Rémy, Henri Dumont, Françoise Andlauer und Nicole Balbir. Noch heute werden die Abitur-Prüfungsbogen des indischen „Lycée Français de Pondichéry" in einem Schulbezirk der Bretagne korrigiert. ■

MALESTROIT (Morbihan)

Die Kirche Saint-Gilles ist romanischen Ursprungs. An einer ihrer Außenwände sind bemerkenswerte Skulpturen (11. Jh.) zu sehen (der Schatten des Ochsen soll angeblich an das Profil von Voltaire erinnern). Darüber hinaus besitzt die Stadt schöne Patrizierhäuser aus dem 15. und 16. Jh. Im Heideland von Lanvaux, 3 km südwestlich von hier, zeichnet im Ort Saint-Marcel ein Museum die bretonische Widerstandsbewegung während des 2. Weltkriegs nach.

Unten
Hoch über der für ihre Laternenhäuser bekannten reizenden Stadt Morlaix verläuft ein Viadukt (1863). Die 1736 gegründete Tabakmanufaktur wurde im Jahre 2004 geschlossen.

MORLAIX (Finistère)

Zahlreiche Spuren zeugen vom alten Morlaix – einstmals die drittgrößte Stadt der Bretagne –, doch hat sich das Stadtbild seit dem 16. und 17. Jh. grundlegend verändert. Der Viadukt (1863), der sich in einer Höhe von 58 m über eine Länge von 292 m über das Tal spannt, stellt alles andere in den Schatten.

Für einen Rundgang bricht man von der Place des Otages in der Innenstadt auf. Im N ragt der Viadukt empor, im S das Rathaus (1845). In östl. Richtung, bei der Brücke, führt eine Steintreppe zur spätgotischen Kirche Saint-Melaine. Der Bau besitzt einen Turm mit moderner Laterne, einen schönen Orgelprospekt (17. Jh.), altes Mobiliar und eine seltene Statue der Rosa von Lima, Schutzheilige der Neuen Welt.

Auf der Treppe bemerke man linkerhand das Hôtel du Parc (bretonische Renaissance). Dann hinter der Kirche in die Rue Ange-de-Guernisac, gesäumt von Fachwerkhäusern aus hiesigem Stein (Granit und blauer Schiefer). Über die Place de Viarmes nicht in die stark frequentierte Rue d'Aiguillon, sondern durch die malerische Rue

du Fil zur Place des Jacobins. Wer gut zu Fuß ist, kann die Treppen des Gässchens „Venelle des Fontaines“ hinauf und dann weiter durch die Rue Sainte-Marthe bis zum „Carmel“, wo an der alten Fassade der Kapelle der Karmeliter-Brunnen zu sehen ist. Auf der Place des Jacobins steht die Dominikaner- oder Jakobinerkirche, später Kaserne, heute ein Museum.

Hinter dem Jakobiner-Kloster kann man die bezaubernde Allée du Poan-Ben entlang spazieren, wo der Jarlot offen fließt. An der Route de Paris angelangt, rechts in die Rue des Bouchers bis zur Kirche Saint-Mathieu. Vom alten Bau ist nur der mächtige Turm (16. Jh.) erhalten.

Beim Verlassen der Kirche in die Rue du Mur bis zur Place des Halles, auf der ringsum alte Häuser (darunter jenes der Königin Anna, frühes 16. Jh.) zu sehen sind. Die meisten sind sog. „Laternen“-Häuser, d.h., dass die Wendeltreppe innen durch eine Licht einlassende Glasaussparung („Laterne“) erhellt wird. Zu den bekanntesten Laternen- oder Pondalez-Häusern zählt das Fachwerkhaus Nr. 9 in der grand’rue.

NANTES (Loire-Atlantique)

Nantes liegt in einem Durchzugsgebiet, am Zusammenfluss von Loire, Erdre und Sèvre; die Geschichte der Stadt ist ereignisreich, auch an Unbilden aller Art mangelte es nicht. Durch die scheinbar ungünstige Lage – zwischen Bretagne, der Vendée und durch die Loire nahe am Pariser Becken – wurde sie zur bedeutendsten Stadt W-Frankreichs, mit einem künstlerischen und kulturellen Erbe erster Größenordnung. Der Großraum Nantes Métropole umfasst nahezu 600.000 Einwohner. Nantes Metropole (600.000 Einwohner, 24 Kommunen) ist der sechstgrößte städtische Großraum Frankreichs.

Unten
Quai de la Fosse in Nantes. Links ist die Kuppel der Kirche Notre-Dame de Bon-Port (1846) zu sehen.

Oben
Kreuzung des Cours Franklin-Roosevelt (links) und Place de la Petite-Hollande (rechts).

Der Zufall wollte es, dass die beiden interessantesten Teile der Stadt im Laufe der Geschichte sehr unterschiedliche Züge erhielten; im O ein mittelalterlicher Stadtteil, wo v.a. die Kathedrale und das Schloss liegen, und im W ein bemerkenswerter architektonischer Komplex aus dem 18. Jh.

Das Schloss ist wohl jener Bau, der am meisten zur Blüte und zur Bekanntheit der Stadt beigetragen hat. Mehrere bretonische Fürsten residierten hier, es war Schauplatz zahlreicher Hochzeiten und historischer Vertragsunterzeichnungen. Rundherum liegt ein breiter Wallgraben, weitgehend als Parterre-Anlagen gestaltet. Am Haupttor (Rue des États) stehen zu beiden Seiten mächtige Türme (Tour de Pied-de-Biche und Tour de la Boulangerie, 15. Jh.), in die Schießscharten und Gitterfenster eingelassen sind. An der Rückseite, zur Place de la Duchesse-Anne hin, steht die Tour du Fer-à-Cheval, über eine Kurtine mit der Tour de la Rivière verbunden.

Im Innenhof noch abwechslungsreichere und elegantere Bauten, an denen zunächst die wundervollen Dacherker auffallen. Gleich beim Eingang ein schmiedeeiserner Brunnen (Ende 15. Jh.). Davor erhebt sich ein großes 4-stöckiges Gebäude, geziert mit Lukarnen, fein ziselierten Durchbrüchen im Stile der Spätgotik. Daran anschließend die Tour de la Couronne-d'Or. Der alte Bergfried ist der einzige Überrest von der ursprünglichen Burg (1207).

Nach 15-jähriger Sanierung zeigt sich das Schloss seit 2007 wieder in alter Schönheit. Ein Besuch in dem hier untergebrachten Museum für Stadtgeschichte ist lehrreich.

Vom Schlosshof erreicht man schnell die Kathedrale Saint-Pierre (durch die Rue Mathelin-Rodier, die direkt zum Vorplatz der Kathedrale, der Place Saint-Pierre führt). Mit dem Bau wurde im 4. Jh. begonnen, aber erst im 15. Jh. entwickelte Mathelin-Rodier jene Pläne für eine stilechte Flamboyant-Kathedrale, die heute zu sehen ist. Eine Besonderheit ist, dass die Kirche aus weißem Stein, und nicht aus Granit gebaut wurde.

Die Fassade der Kathedrale ist vor allem wegen der fünf Portale und der

schönen Skulpturen an den drei mittleren Portalen sehenswert. Die untere Ebene des Schiffes ist ein Meisterwerk an Eleganz und nüchterner Ausführung, mit den formschönen Pfeilern, die in einem Schwung bis zum Gewölbe hinaufstreben (37,50 m).

Das sehenswerteste Monument ist aber das großartige Grabmal Franz II. und seiner Gemahlin Marguerite de Foix. Der Chor wurde im 19. Jh. fertig gestellt; unter seiner Südflanke wurde 1886 eine romanische Krypta entdeckt. Bei der jüngst durchgeführten Restaurierung konnten die bemerkenswerten, von Anne Lechevalier und Jean Le Moal entworfenen Kirchenfenster angebracht werden.

An der N-Seite der Kathedrale erhebt sich die mächtige Silhouette der Porte Saint-Pierre, bestehend aus 4 Teilen aus sehr unterschiedlichen Stilepochen. Der heutige Bau aus dem 15. Jh. wurde auf gallo-römischen Fundamenten errichtet. Nur einen Steinwurf von der Kathedrale (südl.), steht die Psalette (1502).

Die beiden Alleen Saint-Pierre und Saint-André erstrecken sich von der Erdre zum Schloss und bilden einen Kontrast zum mittelalterlichen Stil; im Schatten der sie überragenden Apsis, sind sie auf der ganzen Länge von herrschaftlichen Häusern gesäumt. Die regelmäßige Anordnung wird von der harmonischen Place du Maréchal-Foch unterbrochen, beherrscht von einer Statue von Ludwig XVI. (1926 restauriert). Durch die Rue du Maréchal-Leclerc kommt man von der Kathedrale direkt zum Rathaus. Es handelt sich um ein dreiteiliges Gebäude in verschiedenen Stilen (17. Jh.). In die Rue Saint-Jean, die Rue Juesseau, und schon steht man vor der Präfektur; der Bau mit seinen klassischen, symmetrischen Linien stammt aus 1763.

Oben
Das aufwendig restaurierte Schloss der Herzöge der Bretagne aus dem ausgehenden 15. Jh. (Wiedereröffnung: 2007).

Jenseits der Allee „Cinquante-Otages", die die Stadt wie eine Gratlinie durchzieht, liegen die W-Viertel von Nantes. Weite Teile entstanden im 18. Jh. nach Plänen des Architekten Mathurin Crucy.

Die place Royale, zu der man von der Allee „Cinquante-Otages" über die Rue d'Orléans gelangt, ist eine der Hauptsehenswürdigkeiten des W-Teils. Der Platz wurde ursprünglich von Mathurin Crucy gestaltet

(Ende 18. Jh.), musste aber nach dem Krieg neu aufgebaut werden. Im NW die Kirche Saint-Nicolas (1844), ein schöner neugotischer Bau. In der Mitte des Platzes ein Brunnen, die „Fontaine de la Loire“, Werk des Bildhauers Driollet (1865). Von der W-Seite des Platzes in die Rue Crébillon, eine der belebtesten Straßen der Stadt. Wer nicht einbiegt in die sehenswerte Passage Pommeraye (Pommeraye (19. Jh.) – die von der Rue Crébillon abgeht –, gelangt schnell zum Théâtre Graslin (1788) auf dem gleichnamigen Platz. Die Fassade ist von hohen korinthischen Säulen geschmückt. Im W des Platzes beginnt der beschauliche Cambronne-Korso (18. Jh.).

Durch die Rue Voltaire zur Rue Dobrée, dann in eine der Straßen linker Hand – und man kommt zum Quai de la Fosse. Er erstreckt sich entlang der Loire und vorbei am Hafen (zusammen mit den Anlagen in Donges und Saint-Nazaire der viert- o. fünftgrößte Hafenkomplex Frankreichs). Entlang dieser Verkehrsader sind noch einige schöne Herrenhäuser aus dem 18. Jh. zu sehen, die seinerzeit von den Schiffseignern errichtet wurden. Die nüchternen Linien und mit Zierwerk besetzten Balkone kann man noch bewundern, z.B. auf Nr. 86 das Hôtel Darbré, das ehemalige Gebäude der Ostindiengesellschaft (Nr. 70), und ein Louis-XV-Haus mit zierlichen Balkonen und Flachreliefen (Nr. 17). Auf Nr. 24 die sehr gute „Médiathèque“ (Bibliothek, Audiothek und v.a. ein Museum der Buchdruckerkunst).

Auf der Île Feydeau finden sich ebenfalls wunderschöne Stadtpavillons, besonders in der Rue Kervegan. Das Hôtel Charron (1727) und das Hôtel La Villestreux liegen auf der Place de la Petite-Hollande, im W-Teil der Insel.

Auch in der Gegenwart sind neue, große Baukomplexe entstanden. Die hohe Tour Bretagne (1976) mag im Vergleich zum architektonischen Umfeld aus dem 18. Jh. etwas aufdringlich erscheinen, gelungener hingegen sind die Bauten wie das Auswärtige Amt und der Sportpalast auf der Île Beaulieu, auch Île de Nantes genannt. In der Tat besitzt Nantes mitten in der Stadt eine 5 km^2 große Flussinsel, die seit Jahren Gegenstand aufwendiger Renovierungsarbeiten ist.

Die Tabakmanufaktur unweit des Bahnhofs wurde in ein Kulturzentrum umgewandelt. Der Aussichtsturm des im Jahre 1998 getreu nach dem Modell von 1909 wieder aufgebauten LU-Turms bietet einen herrlichen Ausblick auf die Stadt. Seit 1850 ist die Geschichte der beiden Familien Lefèvre und Utiles (LU) mit Nantes verknüpft. In der ehemaligen Keksfabrik in unmittelbarer Nähe des Turms befindet sich heute ein Kulturzentrum („Lieu Unique"), das die selben Initialen wie die bekannten Butterkekse trägt.

Darüber hinaus besitzt die Stadt ein interessantes Kunstmuseum (rue Georges-Clemenceau, Nr. 10). Südwestlich des Platzes Graslin befinden sich das Archäologische Museum, das Museum Dobrée (beide auf dem Platz Jean-V) sowie das Naturkundemuseum (rue Voltaire). All diese Museen befinden sich derzeit im Umbau. Des Weiteren stehen dem Besucher das Jules-Verne-Museum (rue de l'Hermitage, Nr. 3), ein Planetarium (rue des Acadiens, Nr. 8) und ein Puppenmuseum (Boulevard Saint-Aignan, Nr. 39) zur Besichtigung offen.

Nantes gehört zur Bretagne

Selbst wenn Nantes heute Haupt-stadt der Region „Pays de Loire" ist, besteht kein Zweifel daran, dass die Stadt zur Bretagne gehört. Sie war sogar Hauptstadt der Bretagne, und die breton. Herzöge hatten hier im prunkvollen Schloss eine Residenz. Nach dem 16. Jh. ging die politische Bedeutung von Nantes zurück, zu Gunsten des ewigen Rivalen Rennes. Wenngleich die beiden Städte nur eine Fahrtstunde von einander entfernt liegen, unterhalten sie nur spärliche Beziehungen.

Links oben

Nantes: Das im Jahre 1788 erbaute Theater Graslin des Architekten Mathurin Crucy wurde 1813 umgebaut.

Unten

Die 1843 eröffnete Passage Pommeraye ist eines der großen Einkaufszentren von Nantes.

Oben links
Steingutteller mit dem Motiv „Petit Breton" der Steingutmanufaktur HR (Ende 19. Jh.). Museum *Musée départemental breton de Quimper*.

Oben rechts
Kathedrale Saint-Corentin in Quimper.

Rechts
Längsschiff der Kathedrale von Quimper.

QUIMPER (Finistère)

Die Hauptstadt des Cornouaille ist eine der Perlen in der Bretagne. Der Stadtkern wurde bei einem Brand im Februar 1999 arg in Mitleidenschaft gezogen. Im reizvollen Umland erstrecken sich Täler und Hügel. Dieser „nette kleine Ort" (Flaubert) liegt nur ein paar km vom Meer entfernt, am Zusammenfluss von Steir, Jet und Odet.

Die Kathedrale Saint-Corentin wurde an der Stelle eines romanischen Gotteshauses errichtet, die Erbauung erstrecke sich vom 13. bis ins 19. Jh. Die Kirchturmspitzen wurden 1855 aufgesetzt, nach dem Vorbild von Pont-Croix. Die beiden Türme (Mitte 15. Jh.) entsprechen der in der Bretagne weit verbreiteten anglo-normannischen Bautradition. Auf der Plattform eine Reiterstatue von König Gradlon (1858), einem älteren, 1793 bei der Revolution zerstörten Modell nachempfunden.

Die Kathedrale – mit 92 m Länge von eher bescheidenen Ausmaßen – ist ein gutes Beispiel für gotische Baukunst in der Bretagne. Die großen Arkaden mit reichem Gesims zeugen von normannischem Einfluss.

Der Chor (ca. 1240-1287) weicht von der Längsachse des Kirchenschiffes ab: wahrscheinlich wollten die Architekten die schon bestehende Kapelle La Victoire in den Bau aus dem 13. Jh. mit einbeziehen.

Auf der Höhe der Kathedrale zeugen die Reste der Stadtmauern von den Befestigungsanlagen der Stadt.

Am Fuß der Kathedrale ist im alten, von der Familie Rohan 1508 erbauten Bischofspalast das Musée breton untergebracht, mit bemerkenswerten Ausstellungsstücken.

In der Nähe der Kathedrale die Halles Saint-François, ein überzeugendes

Beispiel zeitgenössischer Baukunst (Gebälk in Ringtonnen-Form).

Auf der anderen Seite des Platzes, das fesselnde Museum für Schöne Künste (1872), mit sehr interessanten Gemälden, Zeichnungen und Stichen vom 16.-20. Jh.

Die Besichtigung des alten Quimper sollte nicht auf die Rue de Kéréon (d.h. „Straße der Schuhmacher"), gegenüber der Kathedrale, beschränkt bleiben. Diese Stadt, die eigentlich mehr Atmosphäre als Sehenswürdigkeiten zu bieten hat, sollte bei zwanglosen Spaziergängen erlebt werden, an einem Herbstabend über die kleinen Brücken, die Quais entlang, den Duft der Kastanienbäume einatmen, sich verlieren im Gewirr der Gassen und Plätze mit den viel sagenden Namen... In der Rue du Guéaudet, sollen am „Haus der Köpfe" ein paar Taschendiebe jener Zeit abgebildet sein. Im Gässchen mit Namen Saint-Nicolas schöne Treppen. Das schönste Haus der Stadt ("Le Minuellou") befindet sich aber in der Rue du Sallé.

Die Rue Kéréon führt zur Terre-au-Duc, die im Unterschied zum innerhalb der Stadtmauern gelegenen Teil (zum Bistum gehörend) unter der Oberhoheit der Herzöge der Bretagne stand.

Am Fuße des – mit seinen 70 Höhenmetern die Stadt überragenden – Mont Frugy führen die Allées de Locmaria zum gleichnamigen Stadtteil, der mit der Fayence-Kunst zu Berühmtheit gelangte. 1690 ließ sich J.-B. Bousquet, ein Keramiker aus der Provence in Locmaria nieder. Es gibt ein Fayence-Museum (Route de Bénodet), und auch die Fayence-Manufakturen Kéraluc (Rue de la Troménie) kann man besichtigen. Am Fuße des Mont Frugy finden im Juli Volkskunst-Veranstaltungen der Cornouaille statt.

Die Kirche Notre-Dame ist das älteste Monument in Quimper. Das romanische Kirchenschiff geht auf die 1. Hälfte des 11. Jh. zurück; Chorraum, Querschiff und Glockenturm sind aus dem 12. Jh.

Unten
„Le Port de Pont-Aven" (um 1893) von Maxime Maufra (1861-1918). Der Kunstmaler aus Nantes gehörte der Schule von Pont-Aven an. Das Meisterwerk ist im Kunstmuseum von Quimper zu sehen.

RENNES (Ille-et-Vilaine)

Im historischen Zentrum von Rennes eröffnen sich, neben einander auf engem Raum, zwei sehr unterschiedliche Stadtbilder. Einerseits schnurgerade Straßenzüge und von gleichförmigen Gebäuden umsäumte Plätze; westl. und östl. davon jedoch schlängeln sich kleine Gässchen zwischen alten Wohnhäusern: Bis ins 18. Jh. war Rennes von großen Bauten aus Holz und Strohlehm, und von verschlungenen Gassen geprägt. Aber am 23. Dezember 1720 bricht ein Feuer aus, das binnen sechs Tagen die Innenstadt zerstört. Die königlichen Machthaber beschließen einen groß angelegten Plan zum Wiederaufbau. Die Arbeiten erstreckten sich von 1723 bis 1760.

Unsere Stadtbesichtigung beginnt beim Palais du Musée des Beaux-Arts (Gebäude aus 1845-1855), am Quai Émile-Zola in der Innenstadt – und keine zwei Schritte von der Parkgarage „Kléber". In diesem Kunstmuseum sind zahlreiche Schmuckstücke ausgestellt, darunter – von unschätzbarem Wert: Das Neugeborene von Georges de La Tour (1593-1652).

Hinter dem Museum, in der Rue du Capitaine-Dreyfus, die Allerheiligen-Kirche (1624-1651); es war früher die Kapelle jener Jesuitenschule, die im Ancien Régime die Führungsschicht der Bretagne heranbildete. Der große Altaraufsatz (17. Jh.) war wegweisend für die Kirchenbaukunst der Bretagne. 100 m weiter, in der Rue Vasselot (Nr. 34), eine Außentreppe aus Holz, einmaliges Zeugnis aus dem 17. Jh.

Zurück durch die Rue Dreyfus, den Steg (Saint-Germain) und dann auf dem Quai Chateaubriand nach rechts, Richtung Parkgarage „Kléber". Im N erblickt man alsbald das Palais Saint-Georges (17. Jh.), eine alte königliche Benediktiner-Abtei. Auf halber Höhe links, in die Rue Saint-Georges: Zeugnisse der Architektur vor der Brandkatastrophe von 1720.

In nächster Nähe die Rue Derval, hinunter zur Kirche Saint Germain. Der Bau weist größtenteils spätgotische Spitzbogen-Architektur auf.

Dann ein ergreifender Kontrast, wenn man die außergewöhnliche Place du Parlement-de-Bretagne

Oben
Bis zur französischen Revolution spielte der Gerichtshof Parlement de Bretagne (1618-1655) eine zentrale Rolle im Leben der Stadt Rennes. Die Restaurierung des im Februar 1994 durch einen Brand stark beschädigten Gebäudes beweist Talent.

Oben
Die Stadt Rennes des 21. Jh. gibt sich jung und gesellig.

Links unten
Rennes: Rathausplatz an einem herrlichen Sommertag.

erblickt. Der Platz, vormals Place Royale, entworfen von Jacques Gabriel, ist mit seinen prachtvollen Bauten (1725) das architektonische Juwel der Stadt.

An der N-Seite der ehemalige Palais du Parlement de Bretagne (1618-1655), ein Werk des Renneser Germain Gaultier, die Fassade stammt

Oben
Die herrliche Oper von Rennes wurde am Ende des 20. Jh. vollständig renoviert.

jedoch von Salomon de Brosse, dem Architekten des Palais du Luxembourg in Paris. Das meisterhafte Bauwerk wurde im Februar 1994 bei einem Brand stark beschädigt und seitdem wieder vollständig restauriert.

Die Rue de Brilhac (im SW) führt zum Rathausplatz. Das barock anmutende Rathaus (1734-1762) wurde von J.-A. Gabriel, dem Hofarchitekten von Ludwig XV., errichtet. Gegenüber das Opernhaus (1836), ein schönes Beispiel für ein jüngeres Palladio-Motiv.

Rechts vom Rathaus durch die Rue de l'Hermine und dann die Rue Du-Guesclin, und man gelangt zur Basilika Saint-Sauveur (1703-1725) mit schönem Vorplatz.

Nach dem Verlassen der Basilika rechts in die Rue de Montfort, zur Place du Calvaire, weiter in die Rue du Chapitre. Wir stehen im W-Teil des alten Rennes, der von der Feuersbrunst 1720 verschont blieb. Dekor und Atmosphäre des 16. und 17. Jh. finden sich hier noch. Sehenswert das Hôtel de Blossac (1730-1750) mit seiner Treppe (links beim Hineingehen). In der Rue de la Psalette, um die massive Apsis herum, und der Rue Saint-Guillaume reiht sich ein Fachwerkhaus ans andere. Dann gelangen wir in die Einkaufsstraße Rue de la Monnaie.

Wenige Schritte entfernt, liegt linker Hand die Kathedrale Saint-Pierre,

© Hervé Ronné

Oben
Das von Jacques Gabriel entworfene und zwischen 1734 und 1762 erbaute Rathaus von Rennes besitzt einen Glockenturm mit Kuppel und zwei Gebäudeflügel.

begonnen 1787, vollendet 1844; Elemente eines älteren Bauwerkes wurden berücksichtigt. Im Inneren sehenswert der Altaraufsatz im antwerpener Stil (Leben der Mutter Gottes und Jesse-Baum, 16. Jh.).

Gegenüber der Kathedrale die schmale Rue des Portes-Mordelaises, wo ein paar Überreste der Stadtmauern (Mitte 15. Jh.) zu sehen sind.

Unser Weg führt weiter zur Place des Lices, wo jeden Samstag Vormittag ein großer Markt stattfindet. Zu sehen sind hier zahlreiche herrschaftliche Häuser (Mitte 17. Jh.) aus Stein und Holz, einer alten Tradition der Region folgend. Die beiden Markthallen (Pavillons des Halles) sind typisch für die zweite Hälfte des 19. Jh.

Am unteren Ende des Platzes die Kirche Saint-Étienne Ende 17., Anf. 18. Jh.), eine alte Klosterkapelle. Von der Kirche Saint-Étienne gelangt man durch die Rue Nantaise zur Tour Duchesne 15. Jh., restauriert) und den Überresten der Befestigungsmauern. Unsere kurze Besichtigungstour in Rennes endet hier. Um sich von den Strapazen zu erholen, begebe man sich in den Jardin du Thabor im NO; die ca. 10 ha große Parkanlage ist der ehemalige Garten der Benediktiner von Saint Melaine – die alte Abtei am Parkeingang (heute Kirche von Notre-Dame) kann man übrigens besichtigen. Die Vierung mit den Hufeisenbogen, sowie einige Pfeiler im Kirchenschiff – seltene Beispiele für Romanik in der Bretagne – sind in ein Bauwerk aus dem 14. Jh. eingegliedert. Am O-Ende des Thabor-Parks ein erstaunlicher Komplex: die in 18 Monaten erbaute Schule Saint-Vincent (1911-1912).

In den letzten 40 Jahren hat sich das Stadtbild stark gewandelt. Denn Rennes ist Gegenstand permanenter Urbanisierung, Renovierung und Modernisierung. Der Wohnkomplex Barre-Saint-Just (1969), die Zwillingstürme Horizons (1971) und das Gericht (1984) scheinen schon wieder der Vergangenheit anzugehören. Mittlerweile besitzt Rennes eine vollautomatische Untergrundbahn (2002) und seit 2006 ein neues Kulturzentrum unweit des Bahnhofs (cours des Alliés, Nr. 10) sowie das Kultur- und Wissenschaftszentrum Champs-Libres des Architekten Christian de Portzamparc mit Mediathek, Bibliothek, Wissenschaftsbereich (Planetarium) und dem Museum der Bretagne (zahlreiche Kunstsammlungen).

Wer sich für den landwirtschaftlichen Aspekt des Renneser Umlandes interessiert, kann das Freiluftmuseum „Bintinais“ (an der Straße nach Châtillon) besichtigen.

Unten
Die Altstadt von Saint-Brieuc hält einige reizende Überraschungen bereit, wie die rue Fardel nahe der Kathedrale mit entzückenden Fachwerkhäusern.

SAINT-BRIEUC (Côtes-d'Armor)

Die größte Stadt des Départements Côtes-d'Armor beindruckt v.a. durch seine reizvolle Lage. Von ihrem etwa 100 m hohen Hügel aus, hat sich Saint-Brieuc in alle Himmelsrichtungen ausgedehnt, in die tief eingeschnittenen Talschluchten des Gouëdic (im O) bzw. des Gouët (im W). Es gibt Dutzende Brücken. Einen schönen Überblick hat man von der Erhebung Notre-Dame (im NW), von der Kreuzung Alfred-de-Musset (im N), vom Aubé-Hügel (im NO) oder von der Kreuzung Huguin (im O, hinter dem Renan-Gymnasium). Von hier kommt man zum Théâtre de Verdure und zu den Grandes Promenades beim Justizpalast (1863).

Im Mittelalter war ein Prälat, Guillaume Pinchon, Bischof der Stadt; im 13. Jh. verteidigte er sie gegen die Männer des Herzoges Pierre Mauclerc. Erst 13 Jahre nach seinem Tod wurde er heilig gesprochen, eine

Oben
Eher imposant denn elegant wirkt die häufig umgebaute Kathedrale Saint-Étienne von Saint-Brieuc aus dem ausgehenden 12. Jh. und 15. Jh. Mit ihren beiden mit Pechnasen, Schießscharten und Wehrgang befestigten Türmen (14. Jh.) erinnert sie an eine Festung. Rechts ist das Rathaus zu sehen.

große Einkaufsstraße wurde nach ihm benannt (Rue Saint-Guillaume).

Von dieser Straße aus gelangt man schnell zur Kathedrale Saint-Étienne (zwischen 1170 und 1248 erbaut). Das eindrucksvolle Bauwerk gleicht indes auch einer Burg – und tatsächlich diente die Kathedrale auch als Festung. Die beiden Türme sind aus dem 14. Jh. Vom ursprünglichen Bau sind ein paar Überreste zu sehen, vor allem in der vorderen Vorhalle (13. Jh.), einige Kapitelle im Querschiff und das Grabmal des Hl. Guillaume (Mitte 13. Jh.). Äußerst bemerkenswert auch der Altaraufsatz zur Himmelfahrt (1745).

In der Umgebung der Kathedrale sind noch mehrere Fachwerkhäuser zu sehen, insbesondere auf der Place du Martray, in der Rue Fardel, der Rue du Gouët und der Rue Houvenagle. Geschichtsinteressierte können das südlich der Post gelegene Kunst- und Geschichtsmuseum der Côtes-d'Armor (rue des Lycéens-Martyrs) aufsuchen.

Louis Guilloux, Sohn eines Schusters

Frankreich ist anders: Seine wahren Schriftsteller schätzt es erst nach deren Tod. Daher sieht es so aus, als würde Louis Guilloux (1899-1980) erst im Gedenkjahr seins 100. Geburtstages entdeckt werden. Als Sohn eines Schuhmachers in Saint-Brieuc geboren, geht er 1918 nach Paris, übt verschiedene Berufe aus und widmet sich schließlich dem Schreiben; in La Maison du peuple (1927) erwähnt er seine Geburtsstadt, 1935 erscheint Le Sang noir und im darauf folgenden Jahr geht er mit André Gide in die UdSSR. 1999 werden zahlreiche Veranstaltungen abgehalten, auch werden mehrere Werke neu aufgelegt. ■

Unten
Der Legende nach landete eines Tages ein walisischer Mönch (namens Malo, wie man später behauptete) an der Küste der armorikanischen Halbinsel. Der Ort bestand damals aus einem riesigen, über eine Sandbank mit dem Festland verbundenen Fels, aus dem einige Jahrhunderte später die Stadt Saint-Malo wurde. Die 1944 fast vollständig zerbombte befestigte Altstadt wurde nach dem Krieg komplett wieder aufgebaut.

SAINT-MALO (Ille-et-Vilaine)

Saint-Malo verdankt seinen übergroßen Reichtum der unbändigen Siegeslust und dem ausgeprägten Unabhängigkeitsdenken seiner Bewohner, der „Malouins", die nicht müde werden, ihr Motto zu verkünden: Zuerst Malouin, dann vielleicht Bretone, und wenn noch was bleibt: Franzose. Jahrhunderte des Kampfes zu Lande und zur See haben den Geist der Malouins geprägt, stets nehmen sie ihr Schicksal in die eigene Hand.

Im 17. Jh. ist Saint-Malo Frankreichs größter Hafen. Der Wohlstand rührt vom blühenden Seehandel, aufbauend auf dem Kabeljaufang in Neufundland, das von einem Bewohner der Stadt (Jacques Cartier) entdeckt worden war, und dem Handel mit kanadischen Pelzen. Gepökelter Kabeljau wird an die Mittelmeer-Länder weiterverkauft. Dafür bringen die Schiffe Alaun aus Rom mit, das wiederum an die Textilfirmen in Nordeuropa geliefert wird. Auch mit Indien und Spanien wird gehandelt (Tuche und Baumwollstoffe). 1699 entdeckt Goin de Beauchesne, ein Bürger der Stadt, im Südatlantik die „Îles Malouines" (Falkland-Inseln), die ab 1763 von Abenteurern aus Saint-Malo kolonisiert werden. Im 18. Jh. beteiligen sich die Malouins

Oben
Panoramablick auf Saint-Malo.

Rechts unten
Altes Segelschiff „L'Étoile Polaire" vor dem kleinen Fort Petit-Bé. Die Korsarenstadt ist und bleibt eine begehrte Hochburg für Segler.

am Sklavenhandel und kontrollieren die Île Bourbon und Île de France (heute Réunion bzw. Mauritius).

Am Ende der Regentschaft von Ludwig XIV. steckt das Land in einer schwierigen politischen wie wirtschaftlichen Lage; Saint-Malo muss sich einem neuen – von Legenden umrankten – Gewerbe zuwenden: der Kaperei. Die Aktiengesellschaften bewaffnen die Schiffe, um die Einbußen im Handel auszugleichen. Zu jener Zeit stellen Sébastien Vauban und der Architekt Siméon Garangeau die Wallanlagen der Stadt sowie die Festungen auf den rund um die Bucht liegenden Felshügeln fertig (Fort Royal, Petit-Bé, Île Herbois, Conchée, Cézembre, Île Harbour...) – bei all diesen Hindernissen ward die Stadt uneinnehmbar.

Während der Revolution erhielt die Stadt den Namen Port-Malo. Die Handelstätigkeit des Hafens nimmt weiter ab. Unter den Korsaren machte v.a. Surcouf von sich reden, auch wenn er nur vereinzelt Erfolge erzielen konnte. Die große Zeit des Korsarentums ist vorbei... Nicht jedoch die Tragödien: Im August 1944 wird die Stadt bei einer Feuersbrunst zu 80% zerstört.

Sie wurde auf wunderbare Weise wieder aufgebaut, ganz in Garangeaus monumentalen Herrenhaus-Stil des 18. Jh.

Zur Besichtigung des Stadtteils innerhalb der Mauern ("intra-muros") geht es durch die Porte Saint-Vincent. Im Schloss ist heute das Rathaus untergebracht; es stammt aus dem 15. Jh., abgesehen vom O-Flügel („La Galère", 17. Jh.). Die Tour Quiquengrogne, gleich am Burgfried, wurde von Herzogin Anna errichtet. Im großen Burgfried (erbaut von Herzog Jean V.), zu dem die große „Tour Générale" hinzukam, befindet sich heute das Geschichtsmuseum von Saint-Malo, in dem die Geschichte der Korsarenstadt und ihrer großen Persönlichkeiten erzählt wird. Direkt daran an grenzt das Musée du Pays malouin.

Die beste Weise, Saint-Malo zu entdecken, ist ein Rundgang auf den prachtvollen Befestigungsmauern. Sie sind vom großen Brand im August 1944 verschont geblieben, ihr Urheber ist Siméon Garangeau, Schüler von Vauban. Nur an der NW-Seite stammt der Teil hinter der Tour Bidouane (17. Jh.) bis zum Fort de la Reine (18. Jh.) aus dem 19. Jh. Hin-

ter der Tour Bidouane steht die Statue von Robert Surcouf, die Hand ausgestreckt gen England. Der W-Teil der Maueranlage, zur offenen See hin und über dem Strand Bon-Secours geht auf das Mittelalter zurück, die kleinen Mauerabschnitte nämlich, errichtet von Bischof Jean de Châtillon, die sich von der Tour Bidouane bis zum Bastion de Hollande erstrecken; hinter letzterem die Statue von Jacques Cartier.

Von den Stadtmauern aus erblickt man die Felshügel, die rund um die Stadt liegen: Petit-Bé, mit seiner Festung, und Grand-Bé, wo Chateaubriand begraben liegt. Weiter draußen im Meer die île de Cézembre — wo einst Mönche lebten —, das Fort de la Conchée (1695) und das Fort Harbour, erbaut von Sébastien Vauban.

Ein paar Häuser wurden vom Feuer von 1944 verschont: das Hôtel Magon de La Lande und das Hôtel Asfeld, in der Nähe der Porte Saint-Louis. Diese herrschaftlichen Granithäuser, Eigentum der Schiffsreeder, wurden im 18. Jh. von Garangeau erbaut. Das Hôtel de La Gicquelais (in dem Chateaubriand geboren wurde) sowie das schöne Maison des poètes (rue Pélicot, Nr. 5) konnten auch gerettet werden. Die Gebäude bei der Porte de Dinan, im W, wurden wieder in Stand gesetzt.

Die Kathedrale Saint-Vincent wurde restauriert: sie weist Stilelemente aus verschiedenen Epochen auf (12. bis ... 20. Jh.). An der Fassade Teile aus der Renaissance, andere klassizistisch und aus dem 18. Jh. Über dem Kirchenschiff (12. Jh.) hohe Spitzbogengewölbe im Angers-Stil, und der Chor (13. Jh.) ist charakteristisch für den in der Bretagne verbreiteten anglo-normannischen Baustil. Die herrlichen Glasarbeiten der Großen Kirchenrose (1969-1972) stammen von Jean Le Moal und Bernard Allain, jene an den Seitenschiffen von Max Ingrand.

Saint-Malo ist zu jeder Jahreszeit eine Besichtigung wert. Auch an festlichen Anlässen mangelt es nicht: internationale Buchmesse *Etonnants voyageurs*, Comic-Festival *Quai des Bulles* und Rock-Festival *Route du Rock*. Liebhaber der Unterwasserwelt finden im Altstadt-Aquarium am Platz Vauban und insbesondere im Großen Aquarium von Saint-Malo ihr Glück, das 1996 im Vorort La Ville-Jouan (avenue du Général-Patton) seine Pforten öffnete.

Oben
Der Turm Solidor (Ende 14. Jh.) in Saint-Servan.

Saint-Servan

Saint-Servan hieß einstmals Alet, die umliegende Region „Le Clos-Poulet". Diese große gallo-römische Stätte wurde Hauptort der Coriosoliter (siehe Corseul). Es gibt zahlreiche gallo-römische Fundstätten in der Gegend; z.B. am Fuße der Tour Solidor, aus dem Jahr 390.

Die Normannen brandschatzten Alet gleich mehrmals, so konnte ihm Saint-Malo im 12. Jh. den Rang ablaufen. 1382 erbaute der Bretonenherzog Jean IV. einen Wehrturm, die Tour Solidor, um die Stadt zu kontrollieren und Handelsbeziehungen mit Dinan zu unterbinden. Solidor ist ein schönes Beispiel für militärische Bauwerke des Mittelalters. Heute beherbergt der Turm ein Museum der Kap-Hoorn-Fahrer.

Paramé

Wichtiger Badeort, heute durch eine schmale Landzunge („Sillon") an Saint-Malo angebunden. Ein malerischer Spaziergang führt am Deich, den langen Strand entlang. Bei starken Gezeiten schwappt das Wasser bis auf den Dammweg. Im Dorf Rothéneuf sind einige Sehenswürdigkeiten des Landsitzes von Jacques Cartier aufbewahrt. Im Umland sind prächtige Landsitze betuchter Reeder aus Saint-Malo, die sog. Malouinières, zu sehen (La Chipaudière, La Ville-Bague, Le Puits-Sauvage, usw.).

An einer zum Meer hin abfallenden Felsspitze meißelte Abt Fouré (1839-1910) – in 25-jähriger Arbeit – die Familiengeschichte der Rothéneuf in den Stein.

SAINT-POL-DE-LÉON (Finistère)

Die Rue Leclerc ist die wichtigste Straße der Stadt, mit bemerkenswerten alten Wohnhäusern. Einige sehr interessante Sakralbauten erwarten den Besucher, z.B. die Kapelle Saint-Fiacre (15., Kampanile aus dem 18. Jh.) auf dem Friedhof. Die Kapelle Notre-Dame du Kreizkêr (14.- 15. Jh.) ist von einer sehenswerten Turmspitze gekrönt (Saint-Pierre in Caen nachempfunden). Höchster Punkt: 78m.

Saint-Pol ist auch wegen der Kathedrale mit normannischem Einfluss bekannt. Einige romanische Elemente sind beibehalten worden, der Bau ist jedoch größtenteils gotisch (13. bzw. 16. Jh.). Das Kirchenschiff ist in hellem Caen-Kalkstein gebaut. Die kleinen Kästchen im Chorraum tragen den Namen der Domherren – darin aufbewahrt ist der jeweilige Schädel. Sie erhielten die Bezeichnung „Nischen der Nacht".

VANNES (Morbihan)

Die Stadt liegt amphitheaterlich am N-Rand eines zum Golf von Morbihan hinausführenden Mündungsgebietes. Zwei kleine Wasserläufe vereinen sich hier (im S) und bilden den Hafen von Vannes, der heute über ein Dock verfügt. Wenngleich hügelig, liegt die Stadt in nur 22 m Höhe.

Die Stadtbesichtigung beginnt vor dem Hôtel de Limur, im N der Rue Thiers, wo sich das Fremdenverkehrsamt und das Austern-Museum befinden. Von hier weiter zur Place Maurice-Marchais. Rund um diesen Platz mit 4-eckigem Grundriss ist der wichtigste Teil des Stadtlebens von Vannes zuhause. An der W-Seite das Rathaus (Neo-Renaissance, 1886).

Gegenüber dem Rathaus geht die Rue Émile-Burgault ab, dort ist in einer Sackgasse das Hôtel du Gouverneur (1655) erhalten; dann erreicht man die Place Henri-IV, gesäumt von Häusern mit vorkragenden oberen Etagen (16. Jh.). In der Rue Saint-Salomon Bürgerhäuser aus dem 16. Jh., an den Fassaden schöne Ornamentarbeiten (Hase, Nr.10; phantasievolle Tiergestalten, Nr. 13). Seitlich vom Platz die Rue des Halles mit weiteren Fachwerkhäusern und der „Cohue". In dem Bau (zu dt. „das Gewühl") aus verschiedenen Stilepochen (Teile aus dem 14. Jh.) betrieben die Kaufleute über Jahrhunderte ihre Geschäfte.

An der Ecke zur Rue Noë, ein mit belustigend blickenden Köpfen auf Konsolen geschmücktes Haus, im Volksmund „Vannes und seine Frau" genannt. Flaubert stattete ihnen 1846 einen Besuch ab. In derselben Straße das Château-Gaillard. Das Herrschaftshaus (Anf. 15. Jh.) war von 1456 bis 1532 bretonischer Parlamentssitz; heute befindet sich darin das Museum für Geschichte und Archäologie.

Am Platz Saint-Pierre befindet sich das Kunstmuseum La Cohue. Die Kathedrale Saint-Pierre wurde größ-

Unten
Hafen von Vannes.

tenteils zur Zeit der Spätgotik renoviert und im 19. Jh. restauriert. Vom ursprünglichen Bau (13. Jh.) ist an der Fassade der N-Turm erhalten, die Spitze wurde in der Romantik hinzugefügt. Das Langhaus wurde 1450-1476 errichtet, der Chor 1774. Sehr bemerkenswert auch das Orgelgehäuse (1742) und der Kirchenschatz (1782). Im Kapitelsaal (1782) sind alte Gold- und Silberschmiedearbeiten zu sehen, insbesondere der reich bemalte Hochzeitsschrein (12. Jh.).

Durch das spätgotische N-Portal (1514) hinaus, in die Rue des Chanoines bis durch die Porte-Prison (Anfang 15. Jh.), zur Kirche Saint-Patern (1727). Auf diesem Weg und in den umliegenden Straßen (Saint-Guenaël und La Bienfaisance) finden sich mitunter reich verzierte, mittelalterliche Wohnhäuser. Zurück durch die Rue La Fontaine und Rue Alain-Le Grand, kommt man an der alten Präfektur vorbei (1866). Dann weiter in Richtung Stadtmauern, gesäumt von hübschen Gärten. Das Mauerwerk, das von Wehrbauten überragt wird, enthält Elemente aus der Römerzeit (4. Jh.). Zwei Türme sind zu sehen: „La Poudrière“ (Pulverturm, 16. Jh.) und die höhere Tour du Connétable (14.-15. Jh.).

Spaziert man die Mauern entlang, gelangt man zu den wundervollen Waschhäusern (17.-18. Jh.) am Ufer des Rohan, und dann zur Porte Poterne (1680). Schließlich erreicht man das Hafenviertel (rechterhand die Porte Saint-Vincent, 1704). Rund um das Hafenbecken zahlreiche alte Wohnhäuser. Die Place Gambetta, unmittelbar am “grand canal”, zählt im Sommer zu den angenehmsten Orten von Vannes.

Ein Muss für jeden Meeresliebhaber ist der Besuch des Golfe-Parks (Richtung Conleau), in dem ein bemerkenswertes ozeanisches und tropisches Aquarium, ein Schmetterlingsgarten und das Schifffahrtsmuseum „Capitaine d’un jour“ zu besichtigen sind.

VITRÉ (Ille-et-Vilaine)

Vitré ist eine der lieblichsten Städte der Bretagne. Neben malerischen Straßen (Rue Baudrairie, Rue Poterie und Rue d'Embas), bilden auch die Befestigungsanlagen reizvolle Erkundungsziele. Bemerkenswert die Burg (13.-16. Jh.), in der es auch ein Museum gibt. Die S-Fassade der Kirche Notre-Dame (15.-16. Jh.) ist sehr gelungen. Ein kleines neugotisches Schlösschen dient als Bahnhofsgebäude. Sehenswert auch das Schloss Les Rochers (S. 46).

Pierre-Olivier Malherbe

Vitré ist stolz darauf, dass hier gegen 1560 der Reisende Pierre-Olivier Malherbe zur Welt kam; dem es gebühren würde, in der ganzen Bretagne bekannt zu sein. Zuerst betrieb er Stoffhandel mit Kastilien, dann unternahm er eine Weltreise... die 28 Jahre dauerte. Sein außergewöhnliches Abenteuer führte nach Südamerika und Asien. In Indien lebte er am Hof des Mogul-Herrschers Akbar, ging dann nach Tibet, Samarkand und in den Mittleren Orient. Nach Frankreich zurückgekehrt, kann er Heinrich IV. überzeugen, den Fernost-Handel auszubauen. Aus seinem letzten Lebensabschnitt ist nichts bekannt. ■

Links unten

Festungswall von Vannes.

Unten

Schloss von Vitré (13. – 15. Jh.).

Essen in der Bretagne

Zu Recht ist die Bretagne für ihre gute Küche bekannt. Es finden sich Crêperien sonder Zahl; in den Restaurants serviert man Ihnen Menüs, bei denen Meeresfrüchte und Fisch den Hauptanteil ausmachen.

Oben
Garnelen.

Urstwaren sind allgemein in ländlichen Gegenden beliebt, und so finden sich auch in der Bretagne viele Liebhaber (z.B. die ausgezeichnete Kaldaunenwurst). Meeresfrüchte-Platten sind hier vorzüglich, und der frische Seefisch wird nach tausend verschiedenen Rezepten bereitet. Auch zum Nachtisch gibt es bretonische Spezialitäten, wie den kouignamann. Bei Getränken kann man wählen zwischen Cidre, Loire-Weinen… und fermentierter Milch (Sauermilch), zu den „Galettes".

Ein paar bretonische Spezialitäten

Kaldaunenwurst („Andouille"): Hergestellt aus Schweinsinnereien (Magen und Dickdarm). Die Andouille wird eine Woche in Pökelsalz eingelegt und dann geräuchert (Holzfeuer – traditionsgemäß mit Holz vom Apfelbaum). Den besten Ruf hat die Andouille aus Lesneven (Finistère) und Guémené-sur-Scorff (Morbihan); wird warm oder kalt gegessen.

Cidre: Apfelwein, hergestellt in natürlicher Vergärung von frischem Apfelsaft. Er wird traditioneller Weise aus kleinen, weißen Henkelschalen mit orangefarbenem Rand („Bolée") getrunken. Produktion am Bauernhof gibt es kaum noch, der Großteil wird in Cidre-Kellereien erzeugt. Den besten Ruf genießt Cidre aus Fouesnant (Finistère) und Pleudihen-sur-Rance (Côtes-d'Armor), wo sich ein Apfel- und Cidre-Museum befindet.

Jakobsmuschel: Zweischaliges Weichtier, im hiesigen Volksmund auch „Fischer-Kelle" oder „Kamm". Wichtigste Fanggebiete: die Reede von Brest und die Bucht von Saint-Brieuc (Binic, Erquy, Saint-Quay-Portrieux). Manche Vorkommen wurden völlig leergefischt (Perros-Guirec). Saison: Oktober bis März.

„Craquelins": Trockenes Gebäck aus Mehl und Eiern, das beim Abbeißen „kracht" – daher der Name (seit 700 Jahren belegt; wahrscheinlicher Ursprung: Niederlande). Im Mittelalter wurden sich auch in siedendem Wasser überbrüht (daher hießen sie auch „Echaudés"). Die Form variiert je nach Epoche und Region. In der Bretagne sind „Craquelins" eine Spezialität der Gegend um Dinan. Dort finden sich ein paar sehr seltene Klein- oder industrielle Erzeuger, v.a. in Champs-Géraux und Plumaudan (Côtes-d'Armor).

„Galettes": Hauchdünner Pfannkuchen aus Buchweizen-, Weizenmehl (nur in manchen Regionen), Eiern und Salz. Der dickflüssige Teig wird auf ein „bilig" (gusseiserne Platte) oder in eine Pfanne gegossen und beidseitig gebacken. Die „Galettes" werden ohne Beilage oder aber mit Schinken-, Champignon-, „Andouille"-, Eier-, Käse-, Tunfisch- oder Räucherlachsfüllung usw. verzehrt. Passendes Getränk: Cidre oder Sauermilch.

„Kouign-amann": Süßspeise. Kouign bedeutet im Bretonischen Kuchen, amann Butter. Urheber ist ein gewisser Scorolia (ca. 1865, Douarnenez im Finistère). Wird aus einem Brioche-Teig und viel Butter zubereitet und ursprünglich im Bäckerofen gebacken. Wird lauwarm serviert. Er ist überall in der Bretagne anzutreffen, das echte Rezept ist aber jenes aus Douarnenez.

Weine: Die bretonischen Weine stammen heute hauptsächlich aus den ca. 13.500 großen Anbaugebieten im Loire-Atlantique. Der weiße Muscadet macht dabei den Großteil aus (an die 10.000 ha). Der „Gros-plant" wird auf ungefähr 3000 ha Fläche erzeugt, der Coteaux Ancenis auf nur 270 ha. Die Produktion in Hektolitern: Muscadet 660.000, Grosplant 246.000, Coteaux Ancenis 16.500; das sind insgesamt 922.500 Hektoliter.

Unten
Galette aus Buchweizen mit Ei.

Unten
Butterkuchen „Kouign-Amann".

Inhalt

Vom selben Autor (Auszug)

Romane: *Lumière sur Kerlivit*, 1964, 2. Aufl. 1988.
Le Chant des adieux, 1976, 2. Aufl. 1979 (Auszeichnung durch den Schulaufsichtsbezirk der Bretagne)
Le Requin de Runavel (Gemeinschaftswerk mit J.-F. Bazin), 1990.
La Java des voyous, 1996.
Les Castrats de Bombay, 1997.
Requiem sur le campus, 1998.
Le Bouillon de Minuit, 1999.
La Farine du Diable, 2001.
La Vénus de Malifeu, 2002 (Auszeichnung von Neuf-Brisach).
Terminus Montparnasse, 2006.
L'indien du Reich, Ersterscheinung 2007

Literaturkritik: Robert Ruark (1915-1965), Journalist und Romanautor: *L'échec d'une réussite*, Habilitationsschrift, 1986.
La Littérature indienne de langue anglaise, 1997.

Verschiedenes: *Châtellerault*, 1986.
Aimer le Finistère, 1988, 11. Aufl. 2004.
Marco Polo, 1990.
L'Inde, 1994.
Civilisation de la Bible, 1995.
Aimer le Poitou-Charentes, 1996, 4. Aufl. 2003
Histoire et civilisations de la Méditerranée, 2006.

Herausgeber: Hervé Chirault
Editorische Bearbeitung: Isabelle Rousseau
Grafische Gestaltung: Studio graphique des Editions Ouest-France
Fotogravüre: Micro Lynx, Rennes (35)
Druck: Pollina, Luçon (85)

ISBN 978-2-7373-7217-9
Gesetzliche Hinterlegung: Mai 2016
Herausgeber-Nr.: 8311.01.01.05.16
In Frankreich gedruckt
www.editionsouestfrance.fr